Franz Vranitzky im Gespräch
mit Armin Thurnher

Franz Vranitzky
im Gespräch
mit Armin Thurnher

Eichborn Verlag

Die Deutsche Bibliothek – CIP-Einheitsaufnahme

Franz Vranitzky im Gespräch mit / Armin Thurnher. –
Frankfurt am Main: Eichborn, 1992
ISBN 3-8218-1161-7
NE: Thurnher, Armin [Hrsg.]

Umschlaggestaltung: Uwe Gruhle
Foto: Gerhard Heller
Lektorat: Albert Sellner
Satz: Falter, Wien
Druck und Bindung: Wiener Verlag, Himberg
ISBN 3-8218-1161-7
Verlagsverzeichnis schickt gern:
Eichborn Verlag, Hanauer Landstraße 175, D-6000 Frankfurt/Main 1

Inhalt

Dämmerung oder Morgenröte?

Franz Vranitzky übertrifft seit Jahren sämtliche Popularitätswerte, die österreichische Bundeskanzler je zuvor erreicht hatten. Vor kurzem wurde er erstmals diesbezüglich von einem anderen Politiker überholt, vom neuen Bundespräsidenten. In dessen schnell erreichter Beliebtheit drückt sich wohl zu einem guten Teil die Erleichterung der Österreicher über das Ende der Ära Waldheim aus, einer im Juni dieses Jahres abgeschlossenen Zeit, die Österreich in außen- und innenpolitische Turbulenzen gestürzt hatte.

Die in diesem Buch wiedergegebenen Gespräche mit Franz Vranitzky – die Anregung zu ihnen ging übrigens vom Verlag aus – fanden kurz nach dem Ende dieser Ära statt. Erstmals schildert Vranitzky hier seine Sicht jener sechs Jahre, als es galt, Österreich unter einem Bundespräsidenten Waldheim durch schwierige Zeiten zu steuern. Heute brauchen Staatsoberhäupter und Regierungschefs Wien nicht mehr auszuweichen, weil sie zwar den Bundeskanzler sprechen, aber den Besuch beim Bundespräsidenten vermeiden wollen. Obwohl sofort versucht wurde, die neue Situation mit Thomas Klestil, dem neuen Mann in der Hofburg, zur Herstellung einer Rivalität zwischen Kanzler und Präsident zu nutzen, besteht doch kein Zweifel darüber, wo sich das Zentrum der Regierungsmacht befindet.

Franz Vranitzky steht einer Regierungskoalition aus beiden Großparteien vor, aus Sozialdemokraten und Konservativen. Nicht in allem herrscht in dieser Koalition derartige Einigkeit wie in der Frage des österreichischen

Beitritts zur EG. Die Außenpolitik beispielsweise beschränkte sich in ihren Stellungnahmen zu den Ereignissen im zerfallenden Jugoslawien oft genug auf ein Ringen um die österreichische Position. Hätte Österreich die nun sich bildenden Staaten durch eine allen anderen Staaten vorauseilende Anerkennung unterstützen sollen, oder wäre es besser gewesen, abzuwarten und international koordiniert vorzugehen, wie das die Sozialdemokraten unter Vranitzky wollten, und wie es auch geschah? Fordert Österreich eine Militärintervention am Balkan (durch wen auch immer), oder bleibt es, eingedenk seiner unglückseligen historischen Rolle auf dem Balkan, neutral? Die Arbeit des Bundeskanzlers bestand und besteht nicht zuletzt darin, hier einheitliche Standpunkte her- und darzustellen.

Das österreichische System der Konkordanzdemokratie mit seiner weltweit unerreichten Organisationsdichte der Parteien, mit seinem Geflecht von Kammern, Verbänden und Institutionen, die jeweils einer bestimmten Partei zugerechnet werden, läßt nicht zu, daß Reformen so schnell durchgeführt werden, wie dies eine kritische Öffentlichkeit sich wünscht. Im paritätischen Dickicht junktimierter Abmachungen schenken Beamte und Eisenbahner, Bauern und Industriearbeiter, Ärztekammern und Versicherungsanstalten einander keinen Zentimeter. Deren sich wechselseitig belauernde Interessen behindern notwendige Modernisierungsmaßnahmen. Der Koloß bewegt sich nur im Gleichmaß aller Interessen. Die blockierte Modernisierung wiederum bietet dem Populismus beliebig viele Angriffsziele. Besonders gut funktionieren diese Angriffe, wenn sie auf seiten der Medien ihre Verbündeten finden. Zwar soll nicht behauptet werden, Medien kritisierten Mißstände nur dem Populismus zuliebe, die größte Zeitung Österreichs freilich macht aus ihrer einschlägigen Allianz kein Geheimnis. Eines der vielen Kuriosa hiesiger, von Quasi-Monopolen gekennzeichneter Medienwelt: Die vier größten Zeitungen des Landes sind Boulevardzeitungen. Die elektronischen Medien konzentrieren sich in der Hand des öffentlich-rechtlichen ORF, der sich unter dem Dauerdruck der Parteien befindet, weil diese in ihm die einzige mediale Möglichkeit sehen, Gegendruck zum Boulevard zu erzeugen.

Franz Vranitzky hat 1986 mit dem Bestreben, dieses österreichische System zu reformieren, sein Amt angetreten. In einigen Bereichen ist ihm das gelungen, in vielen steht diese Modernisierung noch aus. Diese Defizite und die außenpolitischen Probleme sowie eine auf seine Reformversuche mit beachtlicher Beharrlichkeit reagierende SPÖ mögen dazu beigetragen haben, daß gerade zur Zeit, als diese Gespräche stattfanden, von einigen Medien so etwas wie eine »Vranitzky-Dämmerung« ausgerufen wurde. Diese meist nicht sehr substantiell argumentierende Kritik leitete sich hauptsächlich von Vranitzkys erwähntem Abrutschen auf Platz zwei der Beliebtheitsskala ab.

In unseren Gesprächen geht Vranitzky auf all diese Probleme und Fragestellungen ein. Er legt erstmals seinem Publikum und seinen Kritikern eine Summe seiner Einsichten und Grundsätze vor. Der Zeitpunkt dieses Atemholens und Ausgreifens scheint in mehrfacher Hinsicht bedeutsam. Die weitere Entwicklung der EG ist offen, ebenso die Haltung der Bevölkerung zur Integration Österreichs. Die ehemals kommunistischen Staaten sind im Begriff, endgültig zu zerfallen, oft unter kriegerischen Begleiterscheinungen. Zum ersten Mal seit Jahrzehnten finden in Österreichs Nähe bewaffnete Auseinandersetzungen statt. Flüchtlings- und Asylantenströme stauen sich vor Westeuropas Grenzen, am Horizont zieht eine Rezession auf und durch all das begünstigt, nimmt der Rechtspopulismus seinen oft genug gewalttätigen Aufschwung.

In solchen Zeiten scheint es wichtig, die Ansichten jenes Mannes zu kennen, der Österreichs Regierung führt. Franz Vranitzky ist von seiner klaren Haltung zum Rechtspopulismus bisher keinen Millimeter abgewichen. Er hat als erster Bundeskanzler Österreichs namens der Bundesregierung am 8. Juli 1991 jene Erklärung abgegeben, die man sich viel früher von Kurt Waldheim erwartet hätte und in der es – in bezug auf Österreichs Rolle im Dritten Reich – hieß: »Wir bekennen uns zu allen Daten unserer Geschichte und zu den Taten unseres Volkes, zu den guten wie zu den bösen; und so wie wir die guten für uns in Anspruch nehmen, haben wir uns für die bösen zu entschuldigen – bei den Überlebenden und bei den Nachkommen der Toten.«

Franz Vranitzky läßt in diesem Buch nicht den leisesten Zweifel daran offen, daß es ihm weiterhin ernst ist mit dem Projekt der Modernisierung Österreichs. Die geschützten Bereiche dürfen sich hier ebenso angesprochen fühlen wie die privilegierten Nester darin. Demokratisierung und Öffnung sind seiner Meinung nach nicht nur überlebensnotwendig für Österreich, sie sind auch die einzig mögliche Antwort auf den Populismus. Österreich, davon ist Franz Vranitzky überzeugt, muß den Weg einer modernen Gesellschaft weiter gehen, mit oder ohne EG-Mitgliedschaft. Sein Plädoyer für eine solche Mitgliedschaft begründet er hier ausführlich. Wenn er allerdings von Deregulierung spricht, vergißt er nicht hinzuzufügen »mit Augenmaß«. Damit meint er, die Schwachen dürfen nicht die Rechnungen einer selbstgefällig gewordenen Wohlstandsgesellschaft bezahlen müssen.

Österreich braucht mehr Wettbewerb, sagt Vranitzky, und es braucht mehr Bereitschaft zur offenen Auseinandersetzung. Isolation bedeutet Stillstand, und Stillstand bedeutet Rückschritt, dessen ist er sich sicher. Ich habe den Bundeskanzler bei unseren Gesprächen nachdenklich gefunden, oft ohne schnelle Lösung, durchaus bereit, das auch zuzugeben. Besorgt zeigte er sich über den Zustand der Öffentlichkeit, in der inhaltliche Diskussionen beinahe nicht mehr möglich sind. Ich denke, daß er sich auch deswegen zu diesen insgesamt etwa 16 Stunden langen Gesprächen bereit erklärt hat, weil er dem Druck kurzatmiger Aktualität und dem, was er das Diktat der Überschriften nennt, einmal nicht nachgeben wollte.

Der bestimmende Grundsatz bei all seinem Tun und Denken ist Mäßigung. Dafür ist er sogar bereit, den Vorwurf der Zögerlichkeit zu riskieren. Vor die Wahl gestellt, jemanden zu verletzen oder auf eine griffige Formulierung zu verzichten, würde er ohne zu zögern das Zweite wählen. Mäßigung scheint in Zeiten eskalierender Gewalt, steigender Gewaltbereitschaft und unüberlegter Gewalthetze einem Spitzenpolitiker durchaus angemessen. Extreme schaden dem Staat, findet Vranitzky, er hingegen sieht das Ziel seiner Arbeit auch darin, Schaden vom Staat abzuwenden. Er will, in seinen eigenen Worten, Moderator und Macher zugleich sein. Auf den Begriff des Fortschritts zu verzichten käme ihm also nicht in den Sinn. Seine Aufrufe an die Partei, ihre Reform in Gang zu bringen, sein Wunsch nach plebiszitären Elementen, seine Ankündigung der Aktion »Themen der Zeit« in diesem Buch sind deutlich genug. Vranitzky verkennt keineswegs die Gefahren und historischen Chancen sozialdemokratischer Politik. Versteht sie es, sich zu öffnen, moderne Organisationsstrukturen zu schaffen, sich von lähmenden Traditionalismen zu befreien, gehört ihr die Zukunft. Schafft sie es nicht, wird sie zur beharrenden Kraft, zur konservativen Partei und damit obsolet. Dann kann sie auch nicht jene Rolle spielen, die ihr Franz Vranitzky zuschreibt, nämlich eine starke Partei für die Schwachen zu sein. Hier liegt die Alternative zwischen Dämmerung und Morgenröte.

Mäßigung bestimmt übrigens auch Vranitzkys Verhältnis zu seinen eigenen Leistungen. Der Medienkanzler ist, was seine Erfolge betrifft, im Umgang mit der ersten Person Einzahl des persönlichen Fürworts sehr zurückhaltend. Seine Bescheidenheit macht es dem Gesprächspartner nicht immer leicht.

Die Gespräche fanden vom 29. Juni bis zum 25. August 1992 im bisher heißesten Sommer des Jahrhunderts in den Amtsräumen des Bundeskanzleramts, Wien I., Ballhausplatz 2, statt.

Wien, im September 1992

A.T.

Spannungsreiches Erbe, republikanische Gegenwart und europäische Zukunft

In Zeiten, da anderswo Systeme stürzen, da lange getrennt gewesene Staaten wieder zusammenwachsen, da sich Völker auf den Weg machen, da Nationalismus und Krieg uns wieder näher rücken, stellt sich Österreich so gefestigt dar wie fast noch nie in seiner 70jährigen Geschichte als Republik. Dennoch kann sich Österreich von einer in Bewegung befindlichen Welt nicht absentieren. Die globalen Probleme zeigen sich auch bei uns, von den großen Bruchlinien bleiben wir nicht verschont. Hausgemachte Probleme fehlen ebenfalls nicht.

In vier Jahren feiert Österreich das Jubiläum seines 1000-jährigen Bestehens. Die Zweite Republik wird dann gerade 50 Jahre alt gewesen sein. Schon mit diesen beiden Zahlen ist das ganze Feld abgesteckt, in dem sich unser Land bewegt. Die Zweite Republik wird nicht mehr nur mit ihrem historischen Erbe identifiziert, sie hat Eigenleben gewonnen und Persönlichkeit entwickelt. Österreich ist ein verläßlicher und berechenbarer Partner geworden. Andererseits bezieht diese 50jährige Republik ihren besonderen Charakter gerade aus ihrer 1000jährigen Vorvergangenheit. Österreicher sein heißt nichts anderes, als die Spannung zwischen diesen beiden Zahlen fruchtbar zu machen. So etwa könnte man anfangen, über Österreich zu reden.

Was ärgert Sie an Österreichdiskussionen?

Österreich ist im höchsten Grade interessant und faszinierend. Leider hält das Reden über Österreich mit dieser Faszination oft nicht Schritt, es beschränkt sich in der landläufigen, nur auf Schlagzeilen und Überschriften fixierten Diskussion meist auf Gemeinplätze und Platitüden. Die laufen meist nach folgendem Muster ab: Brauchen wir überhaupt so viele Fremde? Oder: Sind wir denn nicht überhaupt zu klein? Oder: Sollen wir uns überhaupt zu Wort melden? Oder: Kommt es auf uns überhaupt an? Wenn man nach ein paar Tagen Auslandsaufenthalt in ein Flugzeug der Austrian Airlines steigt und wieder österreichische Zeitungen zu lesen bekommt, kann das Flugzeug noch so weich landen, die Aufmacher kommen schon beim Start meist einer harten Landung gleich. Ich bin einmal von einem offiziellen Besuch aus Amerika zurückgekehrt, wo ich mich bemüht hatte, die Rolle Österreichs in globale Zusammenhänge zu stellen. Die Schlagzeile in der ersten österreichischen Zeitung, die mir in die Hände fiel, beschäftigte sich mit einer Leiche, die ohne Kopf aufgefunden worden war.

Das merkt man sich. Was finden Sie im Gegensatz dazu an Österreichdiskussionen spannend?

Es gibt ein Lied mit dem Titel »Was Österreich ist«. Dieses »Was Österreich ist« empfinde ich als die spannendste Frage. Max Frisch hat seinen Schweizer Landsleuten vorgeworfen, sie hätten über sich selber nie einen Entwurf gemacht. Man kann sagen, es sei ganz egal, ob man einen Entwurf oder wenigstens eine Skizze über sich selber habe. Ich empfinde den Frischschen Satz als Herausforderung zur Selbstbefragung. Wodurch wurde dieses heutige, aus dem großen Völkerverband oder, wie ihn andere nannten, Völkerkerker der Habsburger verbliebene deutschsprachige kleine Österreich geprägt? Wodurch wird es heute geprägt, welchen kulturellen Einflüssen unterliegt es, wie stark wirken die verschiedenen in ihm enthaltenen Elemente, das mediterrane, das aus dem Norden, das slawische, das jüdische Element? Viele dieser Elemente finden wir bekanntlich in der Wiener Moderne wieder. Dann sind da diese unglaublichen Titanen wie Doderer oder Grillparzer, letzterer oft zu Goethe und Schiller hingestellt, aber nie wirklich als gleichrangig betrachtet. Sind wir Ebenbilder der grantelnden Hofräte und Archivare? Sie sehen, wenn ich mich jetzt der Frage nach einem österreichischen Entwurf annähere, habe ich viel mehr Fragen als Antworten.

Vielleicht besteht die österreichische Stärke gerade darin, diese Frage offenzulassen? Es gibt Leute, die Österreich nicht als großen Entwurf auffassen, sondern im Gegenteil einfach als eine Leere, die vieles zugelassen hätte und noch immer zuließe. Statt des Völkerkerkers den Vielvölkerstaat, zum Beispiel, der dann zugrunde geht, wenn eine Nationalität dominiert, wenn ihm also der große Entwurf übergestülpt wird. Jedenfalls haben die Österreicher mit den großen Entwürfen immer Schwierigkeiten.

Aber nicht mit allen Arten von Entwürfen. Mir hat einmal jemand als Geburtstagsgeschenk die Schemaskizze überreicht, die Doderer für den Roman »Die Dämonen« gezeichnet hat. Einer der faszinierenden Züge an den großen Romanen Doderers ist ja, daß man auf Seite elf über eine bestimmte Episode informiert wird, die keine weitere Bedeutung zu haben scheint. Auf Seite 614 erhält diese Episode dann ihre Bestimmung. Doderer hat seine großen Romane geometrisch entworfen, mit Kreisen, mit Vektoren und mit einer selbsterdachten Systematik, die man in keinem Mathematikbuch findet. Ein großartiger Entwurf – aber wofür? Für einen faszinierenden Roman. Es gibt einen anderen Roman von Doderer, nicht so berühmt wie »Die Dämonen« oder »Die Strudelhofstiege«: »Ein Umweg«, ein beeindruckendes Buch, weil es die Unentrinnbarkeit eines bestimmten Schicksals zeigt. Eine Ausführung dessen, was in Kaisers und im Wiener Volksmund heißt: Mir bleibt auch nichts erspart. Doderer ist ja kaum ideologisch, fast könnte man sagen, er pflegt die Ideologie des Nichtideologischen. In diesem ideologiefreien Raum läßt er unfaßbare Kämpfe ablaufen und gewaltige Kräfte frei werden. Vielleicht ist das eine gewisse Symbolik für dieses Land.

Daß Sie Doderer und gerade »Ein Umweg« faszinierend finden, wundert mich. »Ein Umweg« ist geradezu ein Sinnbild für die Zwecklosigkeit eines Eingriffs in die Geschichte. Und der Schriftsteller Doderer kann nicht als Freund der Sozialisten gelten; den Brand des Justizpalasts, wo 1927 bei Unruhen 90 Menschen, hauptsächlich Arbeiter, ums Leben kamen, hat er sehr distanziert von oben als »rotes Wimmerl« beschrieben.

Dennoch ist es eine der besten Schilderungen, die es von diesem Ereignis gibt. Völlig distanziert, aber desto präziser. Mir geht es hier nicht um sozialdemokratische Darstellung. Vielleicht könnte man sagen, daß dieses Österreich über weite Bereiche seiner Geschichte eine Art

Bühne, ein Stahlgerüst dargestellt hat, auf dem sich etwas abspielt, was durch das Gerüst ermöglicht, aber von ihm nicht beeinflußt wird. Um die Rolle Doderers in meinem Denken nicht übertrieben erscheinen zu lassen, reden wir von Joseph Roth. Dieser Monarchieanhänger leidet, weil er sieht, daß die Monarchie faul und verrottet ist, weswegen auch viele seiner handelnden Personen leiden. Am stärksten spürt man das bei »Hiob«; man spürt das in unglaublich vielen scheinbaren Zwischentönen, die aber ohnehin die Haupttöne sind, welche sich mit dem Sein dieses Landes beschäftigen. In der »Kapuzinergruft« läßt Roth zum Beispiel den Grafen Chojnicki sagen: »Das Wesen Österreichs ist nicht Zentrum, sondern Peripherie. Österreich ist nicht in den Alpen zu finden, Gemsen gibt es dort und Edelweiß und Enzian, aber kaum eine Ahnung vom Doppeladler. Die österreichische Substanz wird genährt und immer wieder aufgefüllt von den Kronländern.« Diese Sätze zeigen deutlich die Disparität der alten Strukturen dieses Landes. Das Haus Habsburg mußte einerseits damit fertig werden, diesen Vielvölkerstaat zu organisieren, ihn durch eine Militär- und Verwaltungsbürokratie, durch eine Kultur von Beamten und Offizieren zusammenzuhalten. Auf der anderen Seite klingt bei vielen, die darüber geschrieben haben, eine unglaubliche Sehnsucht durch, in diesen Weiten des Ostens den Zugang zu einem Erlebnis zu erhalten, das einen über den Tag hinaushebt, das einem eine Ahnung davon vermittelt, daß die kulturelle Vielfalt unserer Geschichte in der großen Vielfalt Europas aufgehen kann. Wenn man vom Leitha-Gebirge in klaren Nächten hinunterschaut, sieht und spürt man ja, welche Weiten sich hier öffnen. Daß wir in der Vorgeschichte unserer Republik die Faszination und die Gefährlichkeit eines größeren Ganzen schon einmal erfahren haben, gibt uns die Möglichkeit, uns heute auf diese Substanz zu beziehen und sie fortzuentwickeln.

Diese Seiten Alt-Österreichs erfahren in der Geschichtswissenschaft ausreichende Würdigung. Was aber bedeutet diese Substanz aus sozialdemokratischer Sicht?

Das Völkergemisch der Monarchie hatte seine sozialen Abgründe. Die Arbeiterbewegung hat ihren Erfolg durch Emanzipation von Elend und sozialer Abhängigkeit erzielt, sie hat auf den Ruinen der Monarchie beispielsweise das Rote Wien erbaut, eine damals weltweit in jeder Hinsicht fortschrittliche und vorbildliche Stadt. Läsen wir das auslaufende 19. Jahrhundert und das beginnende 20. Jahrhundert etwa nur bei Schnitzler nach, müßten wir glauben, die ganze Welt bestehe aus Baronen, Comtessen, Literaten, Hausgehilfinnen und Leutnants. Kaum irgendwo steht etwas von einer Fabrik und davon, unter welchen Bedingungen Frauen, Männer und Kinder arbeiten mußten. Diese soziale Frage haben wir mittlerweile gelöst. In neuen Ausprägungen stellt sie sich jedoch immer wieder. Ebenso wie damals kommt es heute für Österreich darauf an, wie wir die Chancen zu nutzen wissen, die das Miteinander der verschiedenen Nationalitäten heute wieder bietet. Diese Forderung ergeht an mich selber ebenso wie an meine Landsleute. Daher meine Bestürzung über die Diktatur der Überschriften, über Kleinmut, Ängstlichkeit und die Neigung zu voreiligem Abkapseln. Wir sollten viel neugieriger sein und uns fragen, ob wir nicht große Ideen verwirklichen oder ihnen wenigstens näher kommen können, damit die Rede über die Zukunft Österreichs nicht darauf beschränkt bleibt, ob der Chauffeur der Nationalbankpräsidentin Wurstsemmeln oder Bananen einkauft.

Der katholische österreichische Historiker Friedrich Heer nannte diese Tendenz zu »immer kleinkarierter werdenden Absonderungen«, zu voneinander abgeschlossenen Kulturen, die nicht mehr miteinander sprechen, die »österreichische Engpaßführung«.

Sie haben Roth, Grillparzer und Doderer genannt. Haben Sie auch zur satirischen Tradition, zu Nestroy und Kraus, eine Beziehung?

Mindestens eine solche. Einer der faszinierendsten Sätze bei Nestroy lautet: »Was hat denn die Nachwelt für mich getan? Nichts? Gut, das nämliche tu' ich für sie.« Dieser Satz paßt haarscharf zu dem, was manche hierzulande unter Verantwortung verstehen.

Einen österreichischen Bundeskanzler muß man wohl auch nach Musil fragen.

Musil wird als Politikerlektüre meinem Vorvorgänger zugeordnet. Wenn ich hier zugebe, ebenfalls Musil-Leser zu sein, sollte das selbst bei starker Strapazierung des Möglichkeitssinns nicht zur Annahme verführen, alle österreichischen Bundeskanzler seien Musil-Leser. Mein Wirklichkeitssinn sagt mir, daß man nicht Musil lesen muß, um Bundeskanzler zu werden. Allerdings ist es fast unmöglich, Musil nicht zu lesen, wenn man Bundeskanzler ist.

Als guter Österreicher leidet man auch an Österreich. Worunter leiden Sie besonders?

Ich möchte mich nicht als guten, sondern als enthusiastischen, allerdings nicht als fanatischen Österreicher bezeichnen. Als solcher leidet man gelegentlich wirklich. »Himmelhoch jauchzend, zu Tode betrübt« – dieser Grundeinstellung geben wir uns allzugern hin. Es fehlt gelegentlich die notwendige Mittellage, was uns manchmal in strategisch nachteilige Positionen bringt. Nehmen wir das Thema Verstaatlichte Industrie. Vor zweieinhalb Jahren herrschte Jubel über deren endgültige Sanierung. Jetzt, unter dem Eindruck eines konjunkturell und durch die Umwälzungen im Osten bedingten Rückschlags, gibt man sich plötzlich der Stimmung hin, man habe es offensichtlich doch nicht geschafft. Ich mußte mit allem Nachdruck darauf aufmerksam machen, daß es in der Industrie niemals endgültige Erfolge gibt. Wenn nach einer erfolgreichen Phase systembedingt ein Rückschlag auftritt, dann sind wir gleich wieder so schrecklich deprimiert. Es bedarf dann vieler, vieler Ermunterungen, um die Leistungsbereitschaft wiederherzustellen. Wenn jetzt in der Verstaatlichten Industrie der allgemeine Jammer ausbricht und Schuldzuweisungen vorgenommen werden, welche die Medien dankbar verbreiten, kann man sich schon ausrechnen, in wie vielen Konzernzentralen des benachbarten Auslands Freude aufkommt. Die Österreicher, heißt es dann dort, sind schon wieder mit sich selber beschäftigt. Hier sind uns die »entwurflosen« Schweizer überlegen. Den Schweizern ist vor ein paar Jahren ein katastrophales Industrie- und Umweltunglück passiert, als aus einer Chemiefirma Giftstoffe in den Rhein gelangten. Die Schweizer haben das innerhalb weniger Wochen technisch, finanziell und imagemäßig gelöst.

Auch der Sport bietet gute Beispiele für Österreichs emotionale Disposition.

Erinnern wir uns an die Fußball-Weltmeisterschaft 1978 in Argentinien, als wir die BRD 3:2 besiegten. Jahrelang haben die Sportjournalisten über Cordoba gesprochen. Vor jedem Spiel gegen Deutschland haben sie gefragt: Wird das jetzt die Rache für Cordoba sein? Anstatt einen solchen, zweifellos markanten und historischen Sieg als wertvolles Guthaben in die Bücher zu nehmen, wird dieses Guthaben durch eine überzogene, über Jahre andauernde Jubelstimmung entwertet. Währenddessen machen uns die Deutschen zu Recht darauf aufmerksam, daß Österreich seither schon des öfteren gegen Deutschland gespielt und nur einmal gewonnen hat. Es führt sogar so weit, daß, wie man deutschen Zeitungen vor dem Halbfinale der Fußball-Europameisterschaft 1992 entnehmen konnte, deutsche Spieler sagen, mit Haß begegnen wir nicht den Holländern, mit Haß begegnen wir den Österreichern. So schwächen wir uns durch die extremen Schwankungen unserer Gefühle. Und darunter leide ich als Österreicher.

Trotz dieser Bandbreite der Gefühle ist vieles in Österreich in der Mitte angesiedelt. Man rückt zusammen, macht dicht und versucht, sich das Leben mit Beziehungen zu »richten«. Das Klischee von der Freunderlwirtschaft trifft oft genug zu. Stellen in gewisser Weise Sozialpartnerschaft, Große Koalition und die Konsensdemokratie nicht selbst eine Art Seilschaft auf institutioneller Ebene dar?

Dieser pauschalen Sichtweise kann ich nicht zustimmen. Allerdings trifft zu, daß nach wie vor in vielen Bereichen Partikularinteressen herrschen. Viele sprechen von Geschlossenheit und meinen doch Verschlossenheit. Keine Institution wird durch Verschlossenheit stärker. Institutionen, die sich nicht öffnen, werden nicht überleben. Es gibt nicht viele, jedoch immer noch zu viele Menschen, die in geschützten Bereichen ein kommodes und materiell gut abgesichertes Leben führen. Das System aber wird als Ganzes mit diesen wenigen identifiziert. Im Sinn einer modernen Gesellschaft sind solche Nester im System unerträglich. Dort sitzen auch die Gegner einer Modernisierung, aus diesen geschützten Nischen kommt der meiste Widerstand gegen Wettbewerb. Auch in der Demokratie kann nur durch mehr Wettbewerb, also offenere Auseinandersetzungen, der Eindruck, es bestehe Zwangskonsens, zerstreut werden.

Kann es sein, daß die schwankenden Gefühle der österreichischen Öffentlichkeit eine unbewußte Unzufriedenheit mit diesem österreichischen Zwang zum Konsens ausdrücken?

Es gibt zweifellos ein Nebeneinander von Harmoniebedürfnis und Raunzerei. Es gibt das Herumgranteln, die Neigung, sich über Nebensächlichkeiten zu erregen. Auf der politischen Bühne darf allerdings nicht gestritten werden, heißt es. Politiker werden nicht gewählt, damit sie streiten, sondern damit sie arbeiten, sagt man. Als ob engagierte Konfliktaustragung nicht zu Arbeitsfortschritten führen kann! Wenn dieses Harmoniebedürfnis durch eine bestimmte Periode nur gedämpfter politischer Auseinandersetzungen einigermaßen befriedigt ist, entzündet sich an diesen Nebensächlichkeiten Streitlust. Diese Streitlust dient gewissermaßen als Ventil. Anderswo werden gesellschaftliche Konflikte mit einer gewissen Regelmäßigkeit sehr drastisch ausgetragen, in Form von Generalstreiks, Massendemonstrationen, LKW-Blockaden, gar von Plünderungen und Zerstörungen. Allerdings wird auch hier eine Gegenrechnung aufgemacht. Sie lautet: In Österreich herrsche Duckmäusertum, Probleme würden unter den Teppich gekehrt, Kämpfe unter dem Tisch ausgetragen. Als Umgangsform ziehe man dem freien, offenen Konflikt das unsichtbare Treten und Wadelbeißen vor. Vielleicht ist das manchmal so. In entscheidenden Fragen sind wir trotzdem zu klaren Auseinandersetzungen fähig. Nehmen Sie nur das Thema Straffreiheit der Schwangerschaftsunterbrechung. Ein wirklich großes gesellschaftliches Thema, das in Österreich zu einem sehr frühen Zeitpunkt offen verhandelt wurde. Das ist doch ein gutes Zeichen für unser Land. Vor allem, wenn man bedenkt, wie in Deutschland nach der Einigung die Diskussionen um dieses Thema 1992 erneut aufgeflammt sind. Offen gespielt, obzwar gewissermaßen durch einen parteiinternen Störfall herbeigeführt, wurde auch das Thema Atomkraft. Offen ausgetragen werden in den letzten Jahren die Themen Antifaschismus, NS-Wiederbetätigung und Antisemitismus. Wir sind also zu Auseinandersetzungen fähig.

Jetzt kommen wir doch zu den unangenehmeren Seiten von Österreich. Es bleibt uns nichts erspart. War nicht die Wahl Kurt Waldheims zum Bundespräsidenten der direkte Anlaß, daß Sie Bundeskanzler wurden?

Sie werden verstehen, daß ich das nicht zu den »unangenehmen« Seiten Österreichs zähle. Der historischen Wahrheit entspricht es schon, daß mich nach der Präsidentschaftswahl im Juni 1986 der damalige Bundeskanzler Sinowatz gefragt hat, ob ich sein Amt übernehmen würde, weil er zurückzutreten gedenke.

Sie waren vorher Finanzminister in der Regierung und haben diese unglücklichen Versuche erlebt, mit Waldheims Vergangenheit die Wahl zu gewinnen. Wie sehen Sie das rückblickend?

Als ich hörte, daß Aussprüche kolportiert wurden, die sich auf die Vergangenheit Waldheims bezogen, war ich einer der ersten, davor zu warnen, weil so etwas sicherlich kein in einem Wahlkampf verwertbares Thema darstellt.

Warum?

Insbesondere bei Teilen der älteren Generation hat sich über die Jahrzehnte eine Unschärfe dergestalt entwickelt, daß NSDAP-Mitgliedschaft von vielen Leuten mit Kriegsteilnehmerschaft gleichgesetzt wird. In der älteren Generation kommt Zorn darüber auf, daß man Männer, Brüder, Verwandte, die in den Krieg ziehen mußten, verteufelt und in ein kriminelles Eck stellt. Außerdem haben die verschiedenen Slogans im Waldheimwahlkampf dazu geführt, daß sich auch ausländische Stimmen zu Wort gemeldet haben. Beispielsweise Edgar Bronfman, der Präsident des World Jewish Congress. Das hat der ÖVP damals den Wahlkampf unglaublich leicht gemacht. Sie konnte sagen, wer in Österreich Bundespräsident wird, bestimmen wir, den wählen wir, wir lassen uns dabei von außen nichts dreinreden. Ob einem das jetzt besonders edel vorkommt oder nicht, ist egal. Die Bevölkerung hat darauf reagiert.

Waren Sie denn überrascht von dem, was da aufgebrochen ist? In dieser Kampagne ist ein in diesem Ausmaß nicht vermuteter Antisemitismus wieder zum Vorschein gekommen.

In Österreich findet man nicht mehr Antisemitismus als in anderen Ländern auch. Antisemitismus ist kein spezifisch österreichisches Phänomen. Was jedoch im Endeffekt am stärksten zu Buche geschlagen haben dürfte, war der Umstand, daß die besagte jüdische Organisation und ihre Spitzenrepräsentanten in ihrem Antagonismus zu Waldheim auch als Österreichfeinde erachtet wurden. Das hat sich in diesem Wahlkampf zu einer Schwungmasse entwickelt. Nicht vergessen dürfen noch zwei andere Umstände werden. Erstens: Waldheim hatte auch schon vor dieser Kampagne die besten Umfragewerte und damit die besten Erfolgsaussichten. Zweitens: Die Anschuldigungen gegenüber Waldheim, sein behauptetes verwerfliches Verhalten als Offizier am Balkan betreffend, konnten weder vor noch nach der Kampagne belegt werden. Im übrigen hat die vollkommen unnötige Aufnahme Waldheims in die sogenannte Watchlist der amerikanischen Einreisebehörden das Vertrauen seiner Sympathisanten in ihn nicht geschmälert.

International steht Österreich tatsächlich als antisemitisches Land da, vor allem seit Waldheim. Österreich hat zudem das Pech, daß es jetzt schon wieder eine Figur gibt, nämlich Jörg Haider, die ebenfalls international überproportional stark vorkommt. Gesetzt, es stimmt, was Sie über den Antisemitismus in Österreich sagen, bleibt uns nicht trotzdem das Problem des antisemitischen Rufs?

Ich neige dazu, diese Problemstellung nicht überzubewerten, denn ich habe in vieler Hinsicht die Erfahrung gemacht, daß es, jedenfalls in der Waldheim-Zeit, vielleicht einigen in der Welt gar nicht unrecht war, auf Österreich als antisemitisches Land hinzuweisen. Auch, um von anderen Themen und Problemen, die in den eigenen Ländern bestanden, abzulenken. Meine Antwort auf diese Frage war immer und bleibt immer: Die politische Aufgabe besteht nicht darin, ununterbrochen festzustellen, Österreich sei überhaupt nicht oder wenig antisemitisch. Die Aufgabe besteht in Wirklichkeit darin, im Land selber alles Erdenkliche gegen Antisemitismus und verwandte Übel zu unternehmen.

Die Waldheim-Sache hat Sie an den Rand eines Rücktritts gebracht. Zumindest haben Sie einmal mit dem Rücktritt gedroht, nämlich 1988, als Sie äußerten, Sie hätten genug davon, 60 Prozent Ihrer Zeit damit zu verbringen, sich vor den Bundespräsidenten zu stellen und so Ihre Regierungsaufgabe nicht mehr wahrnehmen zu können.

Das war durch viele Monate hindurch tatsächlich so. Ich erinnere nur an die unzähligen Tage und Wochen, die damit verbracht werden mußten, eine Historikerkommission zusammenzustellen. Dann war mit dem Inhalt dessen, was diese Kommission ermittelt hatte, umzugehen. Schließlich mußte das publizistisch verwertet werden, denn meine Aufgabe bestand ja damals unter anderem darin, Schaden vom Land abzuwenden oder ihn zu minimieren. Ich habe endlose Gespräche mit Journalisten, mit Historikern, mit Autoren zeitgeschichtlicher Literatur geführt, um die immer wiederkehrenden Fragen zu erörtern und immer wieder dagegen zu kämpfen, daß sie aus den wirklichen oder den vermeintlichen Unterlassungen Waldheims Rückschlüsse auf den Charakter der Österreicher ziehen. Vielen dieser Leute, die damals nach Österreich kamen, unter dem Motto »Gemma Waldheim-Schreiben« – es gab ja eine Art journalistischen Waldheim-Tourismus –, waren die grundlegenden konstitutionellen und politischen Gegebenheiten Österreichs fremd. Einige haben mich gefragt: Wieso setzen Sie den nicht ab? Darauf habe ich erklärt, er kann mich absetzen und nicht ich ihn. Ja wieso, fragten sie, das heißt, Sie sind in der Hand »eines solchen Menschen«? Ein Wort ergab das andere, und am Schluß habe ich angemerkt: In einer demokratischen und freien Gesellschaft haben eben 54 Prozent den Herrn Dr. Waldheim gewählt. Antwort: Aber wenn man jetzt draufkommt, daß er sich solche schlimmen Sachen zuschulden kommen ließ, dann muß man ihn eben absetzen können! Darauf folgte wieder meine Erklärung: Es ist ihm viel vorgeworfen und nichts nachgewiesen worden. Es gibt bei uns eine wegen der Erfahrungen der dreißiger Jahre punkto Unabsetzbarkeit des Bundespräsidenten sehr starke Bundesverfassung. Am Schluß stellten sich dann viele die Frage: Wenn das alles so ist und die Österreicher ihn gewählt haben, wie ist es dann um die Moral der Österreicher bestellt?

Sie sind letztendlich nicht zurückgetreten. Können Sie uns Ihre Rolle in der weiteren Entwicklung der Affäre Waldheim schildern?

Ich habe in vielen Stunden des Gesprächs und der Telefonate mit Waldheim ein Hauptproblem gehabt: Waldheim selbst ist sehr wenig hervorgetreten, er hat seine ganze Argumentation darauf angelegt, er habe sich in den Jahren 1942/43 nichts zuschulden kommen lassen. Ich habe ihn darauf aufmerksam gemacht, daß sein Problem, und damit unser Problem, nicht im Jahr 1942, sondern im Jahr 1986 oder im Jahr 1987 liegt, in dem er durch eine glaubhafte und das Thema hoffentlich abschließende Erklärung an die Österreicher und die Welt Stellung nehmen müsse. Waldheim hat seine Situation vollkommen anders beurteilt als ich und als viele andere. Diese Erklärung hat er nicht zuwege gebracht, weil er völlig auf die Jahre 1942/43 fixiert war, für die ihm Schuld vorgeworfen, aber nicht nachgewiesen wurde. Worauf er sich auf den Standpunkt stellte, es sei ihm unrecht getan worden. Das war das Hauptproblem. Zudem stellte sich mir die Frage: Wie stehe ich als Bundeskanzler diesem Bundespräsidenten gegenüber, da ich erstens einer anderen Partei angehöre und mich zweitens im Wahlkampf für den Gegenkandidaten eingesetzt hatte. Drittens hätte ich mich vielem, was ihm vorgeworfen wurde, wäre es zugetroffen, anschließen müssen, weil es total meinen eigenen Ansichten, Einstellungen und meiner Weltanschauung widerstrebt hätte. Das hat mich viele Monate hindurch auch menschlich vor eine sehr heikle Situation gestellt. Warum? Die Staatsraison gebot es, ein Funktionieren zwischen Regierung und Bundespräsidenten trotz der auch von mir so empfundenen Unannehmlichkeiten der Situation aufrechtzuerhalten. Man kann sich vorstellen, daß das vielen sozialdemokratischen Parteigängern, jedenfalls in der ersten Phase, ganz und gar unverständlich war. Ich habe auch mit vielen Künstlern und Intellektuellen die Sache immer wieder diskutiert. Manche sagten: Nehmen wir doch die Gelegenheit wahr, um in Österreich unter Inkaufnahme eines wirklich breitflächigen Konflikts einmal alles herauswuchern zu lassen, was da jahrzehntelang unter den Teppich gekehrt wurde, alles herauswachsen zu lassen, was verdrängt und versteckt wurde. Bringen wir das in der Nachkriegszeit tolerierte Wiedereinrücken eindeutig deklarierter NS-Leute in öffentliche Funktionen und vieles andere einmal zur Sprache, bis hin zu jener kleinkarierten, mit Mief belasteten Herr-Karl-Mentalität. Sie werden sehen, sagte man mir, dann wird neues Leben aus den Ruinen blühen. Ich teilte nicht den Standpunkt, daß man die Sache so lösen könne, indem man, um bei dem Bild zu bleiben, das Haus Österreich zur Ruine Österreich werden läßt, in der Hoffnung, daß aus dieser Ruine neues Leben erblüht. Das zu verhindern, darin bestand die gar nicht einfache Gratwanderung dieser Zeit. Ich glaube, mir ein nicht unwesentliches Stück davon selber zuschreiben zu dürfen, in dieser Zeit ein noch größeres Malheur von Österreich abgewendet zu haben. Ich betrachte es als einen Teil meiner Politik und meines Politikverständnisses, mit Themenstellungen so fertig zu werden, daß bei allem Verständnis für Engagement und Emotion im Endeffekt der Staat nicht zu Schaden kommt. Es war ohne Übertreibung eine prekäre Zeit. Da hätte sehr viel passieren können.

Hätte Waldheim zurücktreten können? Er hat ja nach Ende seiner Amtszeit behauptet, sein Rücktritt hätte eine innenpolitische Katastrophe heraufbeschworen, etwa einen Koalitionswechsel, vielleicht sogar einen Bundeskanzler Haider, mindestens aber eine Verschärfung der Auseinandersetzungen zur Folge gehabt.

Wäre er zurückgetreten, hätte das sicherlich zu einer erheblichen Verschärfung der innenpolitischen Situation geführt. Ein neuer Präsident wäre zu wählen gewesen, ein Wahlkampf hätte stattfinden müssen. Ein solcher Wahlkampf wäre ja ganz zweifellos mit sehr, sehr großen Kalibern geführt worden. Daß es zu einem Bundeskanzler Haider gekommen wäre, halte ich für absolut ausgeschlossen.

Schließlich haben Sie selber am 8. Juli 1991 jene Erklärung im Parlament abgegeben, die man sich eigentlich vom Bundespräsidenten 1986 oder 1987 gewünscht hätte und die ihm auch von sehr vielen Leuten nahegelegt wurde. Es ist dann natürlich kritisiert worden, daß diese Erklärung zu spät kam. Immerhin war es überhaupt die erste Erklärung, in der offiziell von einer Schuld Österreichs gesprochen wurde. Hätten Sie diese Erklärung früher abgeben können oder sollen?

Zunächst halte ich mir zugute, daß ich der erste war und bin, der eine solche Erklärung überhaupt abgegeben hat. Es war nicht nur der Inhalt der Erklärung genau abzuwägen, es war auch der Zeitpunkt sorgfältig zu wählen. Natürlich wäre das Bedenkjahr 1988 vom Zeitpunkt her vielleicht eine bessere Gelegenheit gewesen als 1991. Ich habe auch in meiner Erklärung in der Hofburg am 11. März 1988 bereits sehr deutliche Worte gesprochen. »Man muß sich der Tatsache einer historischen Schuld stellen«, sagte ich dort unter anderem. Ich hatte damals einen vorsichtigeren Weg zu gehen, um nicht eine richtige und notwendige Absicht ins Gegenteil zu verkehren. Der März 1988 stand noch zu sehr unter dem Eindruck der – wenn auch schon abgeflauten, aber noch immer nachwirkenden – Waldheim-Debatte, und es ist in solchen Fällen immer wichtig, daß man den richtigen, den vernünftigen Zweck nicht verfehlt. Es ist auch kritisiert worden, daß wir 1988 überhaupt ein Bedenkjahr abhielten. Daher war eine solche Erklärung von mir aus früher als 1991 wahrscheinlich gar nicht möglich. In früheren Epochen und Amtszeiten war ich nicht dabei.

Ihr Antifaschismus ehrt Sie persönlich sehr, er ist aber als politisches Instrument in Österreich trotz allem problematisch. Massenprogramm ist er sicher keines. Hat Ihnen die Art, wie Sie das Land durch diese Affäre gesteuert haben, politisch geschadet oder genützt?

Man kann politische Aussagen und politische Handlungen nicht ausschließlich daran messen, ob sie als Massenprogramm geeignet sind oder nicht. Ob eine betont antifaschistische Haltung in der konkreten politischen Situation ein Vorteil oder ein Nachteil ist, darf nicht gefragt werden. Wenn Faschismus als eine politische Einstellung gesehen wird, die die Gleichheit der Menschen vor der Staatsmacht in Frage stellt und die in praktischer Ausübung diese Gleichheit auch mißachtet, ist man zu Wachsamkeit verpflichtet, auch in Zeiten, in denen er augenscheinlich kein politisches Thema und keine politische Bedrohung darstellt. In vieler Hinsicht ist Antifaschismus auch mit der sozialen Frage und ganz sicherlich mit grundlegenden Fragen der Demokratie gekoppelt.

Antifaschismus bedeutet ja nicht nur Protest, sondern auch den Kampf gegen die verschiedenen Nährböden des Faschismus, von Massenarbeitslosigkeit bis zum Rassismus. Eine betont antifaschistische Haltung soll dazu beitragen, Schäden an der Demokratie zu verhindern. Die Beseitigung solcher Schäden ist immer schmerzvoller als die Vorbeugung. Nützt oder schadet einem nun eine solche Einstellung? Gerade hier darf man nach dem individuellen, persönlichen politischen Nutzen nicht fragen. Anders ausgedrückt: Sollte man beispielsweise einer betont antifaschistischen Haltung wegen aus seinem politischen Amt abgewählt werden, darf man keineswegs, nur um im Amt zu bleiben, diese Grundlinie verlassen. Meine Festigkeit gerade auf diesem Gebiet sichert mir dennoch einen nicht unbedeutenden Wählersockel, denn in den Wahlkämpfen der Vergangenheit ist diese meine Haltung gerade auch von Menschen, die gar nicht grundsätzlich sozialdemokratisch eingestellt sind, anerkannt worden.

Man betrachtet heute als das Positive der Waldheim-Affäre, daß gewisse Dinge erstmals zur Sprache gebracht und wirklich breit diskutiert wurden, wenn auch mit unangenehmen Nebenerscheinungen. Sind Sie durch diese Debatte und durch Ihre Haltung der Linken nähergekommen?

Sozialdemokratie darf Antifaschismus nicht als Legitimationshilfe brauchen. Antifaschismus als Klammer zwischen Sozialdemokratie und linken Strömungen des Sozialismus wäre ein Mißverständnis. Nebenbei bemerkt zeigt sich heute, daß in der Ära des Kalten Krieges fast das gesamte linke Spektrum mit seinen Einschätzungen schieflag. Wir Sozialdemokraten haben mit unserer scharfen Abgrenzung von allen Formen des Kommunismus die präziseren Analysen, aber auch die humaneren Perspektiven gehabt. Wenn von Konservativen oder auch von den österreichischen Freiheitlichen, die ideologisch kaum irgendwo anzusiedeln oder einzuordnen sind, versucht wird, den Niedergang des sogenannten realen Sozialismus in Osteuropa mit den Sozialdemokraten in Westeuropa in Verbindung zu bringen, dann ist das historisch natürlich unzutreffend. Trotzdem müssen Sozialdemokraten dagegen ankämpfen, sonst werden sie in einen Topf mit Kommunisten geworfen. In Osteuropa ist heute so manche politische Parole genau darauf ausgerichtet, sozialdemokratische Parteien, die sich dort formieren, flugs ins alte Lager hineinzudrängen. Manchmal wird das natürlich dadurch begünstigt, daß sich alte KP-Leute heute Sozialdemokraten nennen. Zurück zum Antifaschismus. Er bedeutet neben anderen Zielen auch den Kampf für die Menschenwürde. Faschismus ist menschenfeindlich, daher dient Antifaschismus nicht nur dazu, Chaos, Folter, Terror und KZ zu verhindern, sondern er ist auch ideell ein grundsätzliches sozialdemokratisches Anliegen.

Zeitgeschichtlich betrachtet, hat die SPÖ mit ihrer antifaschistischen Haltung größere Schwierigkeiten gehabt als mit ihrer antikommunistischen. Einerseits hat man den sogenannten KP-Putsch von 1950 verhindert, auf der anderen Seite hat man dem FPÖ-Vorläufer VdU, in dem sich viele »Ehemalige« zusammenfanden, Gründungshilfe geleistet, unter anderem auch, um die ÖVP zu schwächen. Kreisky hat seine Regierung mit ehemaligen Nazis geschmückt und mit Hilfe des ehemaligen SS-Offi-

ziers Peter die erste Minderheitsregierung zustande gebracht. Noch immer gibt es diesbezüglich in der SPÖ vereinzelt Probleme.

Bei der älteren Generation österreichischer Sozialdemokraten darf man in zeitgeschichtlicher Wertung nicht vergessen, daß sie etliche Zeit ihres Lebens – meist in den sie prägenden Jahren, in den Jugendjahren – nicht mit dem Nazifaschismus, sondern mit dem Austrofaschismus konfrontiert war. Diese Auseinandersetzung hat mit dem Februar 1934 zwar einen Kulminationspunkt erreicht, war aber damit noch lange nicht zu Ende. Sie hat viele dieser Menschen in die Unversöhnlichkeit getrieben. Die Lager des Austrofaschismus waren an Grausamkeit mit denen der Nazis nicht zu vergleichen, aber zahlreiche Sozialdemokraten haben sie leidvoll von innen kennengelernt. Die Aufarbeitung der Zwischenkriegszeit durch die zwei großen Parteien unseres Landes ist nach dem Zweiten Weltkrieg vor allem generationsbedingt so schwierig gewesen, weil es viele persönlich Betroffene gab und weil man nach Mitteln und Wegen suchen mußte, um in der Zweiten Republik die Fehler der Ersten Republik zu vermeiden. Und weil – ich sage das durchaus als jemand, der besonders antifaschistisch eingestellt ist – man es sich damals überlegen mußte, ob man ehemalige Nationalsozialisten, sofern ihnen nicht Blutverbrechen nachgewiesen wurden, der lebenslangen Ächtung preisgeben oder ob man nicht die großzügigere Alternative der Integration wählen sollte. Was nun die Gegenwart betrifft, will ich gar nicht leugnen, daß es hier teilweise wunde Punkte gibt. Ich persönlich verurteile jede spätere Verherrlichung von und jede nachträgliche Ehrerbietung vor eindeutigem NS-Verhalten. Ich habe mich deshalb für die Novellierung des Wiederbetätigungsgesetzes eingesetzt. Jetzt können auf Grund eines differenzierten Strafrahmens sämtliche Fälle von Wiederbetätigung leichter verfolgt werden. Die neue Gesetzeslage erleichtert es, in jedem einzelnen Fall sehr genau zu prüfen, ob der Tatbestand der Wiederbetätigung gegeben ist oder ob es sich um das Ausklingenlassen bestimmter persönlicher Beziehungen handelt. Es hat demzufolge bereits eine Reihe von Verurteilungen von Neonazis gegeben, was nach der alten Rechtslage schwer möglich gewesen wäre.

Was meinen Sie, wenn Sie vom »Ausklingenlassen persönlicher Beziehungen« sprechen?

Wenn heute lebende Menschen mit der einen oder anderen Reminiszenz ein Gedenken an ihre verstorbenen oder gefallenen Verwandten verbinden, hat das mit Wiederbetätigung nichts zu tun und ist daher anders, großzügiger zu werten.

Produziert dieses Ausklingenlassen nicht doch wieder einen Nachklang? Weil sich das offizielle Österreich – bis zu Ihrer Erklärung – nicht deutlich über seine Rolle im NS-Staat ausgesprochen hatte, konnte ein Klima bewahrt werden, bei dem der Gedanke im Hintergrund stand, unserer Vätergeneration sei unrecht getan worden , denn sie habe ja nur ihre Pflicht erfüllt. Es wird nie dazugesagt, daß sie ihre Pflicht für ein verbrecherisches Regime getan hat. Darum hat sich Österreich immer herumgedrückt, weil es sich als Opfer Hitler-Deutschlands sah – zumindest rückblickend. Kann so das Ausklingen nicht zur Voraussetzung eines Widerhalls werden?

Ich beziehe dieses Ausklingenlassen in erster Linie auf die handelnden Personen. Wenn eine Frau im Krieg ihren Mann oder ihren Sohn verloren hat, dann meine ich, soll sie ihm auch dann nachtrauern dürfen, wenn er NSDAP-Mitglied war. Ich sehe das weniger als ein tiefgreifendes politisches Problem denn als ein Zulassen von Freiräumen, die politisch nicht schädlich sind, wo aber politischer Schaden entstehen könnte, wenn man diese Freiräume nicht zuläßt. Der Begriff der Pflichterfüllung ist ausreichend problematisiert worden. Waldheim hält heute selber seinen Hinweis, nur seine Pflicht erfüllt zu haben, für überaus unglücklich. Ich habe ihm seit 1986 des öfteren gesagt, daß viele Wehrmachtsoldaten großteils nicht von Pflichterfüllung ausgingen. Sie befanden sich in einem totalitären Regime, in einem Geheimpolizeistaat, in dem auf Desertion Todesstrafe stand. Diese sogenannte Pflichterfüllung ist vielfach durch psychischen und physischen Druck hergestellt worden.

Genau das wird zuwenig gesagt. Dadurch entsteht mit größerer geschichtlicher Distanz möglicherweise wieder ein Boden, auf dem sich diese Pflichterfüllung verherrlichen läßt. Auf diesem Boden können die Hetzkampagnen des Boulevards entstehen, da lassen sich Emotionen schüren gegen Leute, die Antifaschismus vertreten, das sind dann quasi Vaterschänder.

Wir haben es auch mit den Auswirkungen eines Defizits im Geschichtsunterricht der Nachkriegszeit zu tun. Ich selber habe im Geschichtsunterricht keine Silbe über die Zeit nach 1918 gehört. Vielen Gleichaltrigen ist es genauso gegangen. Ich habe nach der Matura einmal meinen Geschichtsprofessor, den ich in der allerbesten Erinnerung habe, gefragt, warum er uns nie etwas über die zwanziger und dreißiger Jahre erzählt hat. Seine Antwort war, er habe das einmal in einer Klasse probiert und sei damit sowohl mit seinen Professorenkollegen wie auch mit etlichen Eltern seiner Schüler in Konflikt geraten. Meine Mittelschulzeit fiel in die Jahre von 1947 bis 1955, also in die frische Nachkriegszeit. Fast jeder war noch unmittelbar betroffen. Eine große Zahl von Österreichern hat keinen Geschichtsunterricht über die Zwischenkriegszeit erhalten. Wenn sie sich nicht außerschulisch in irgendeiner Weise historisch gebildet hat, ist zumindest eine ganze Generation von ihren Bildungsvoraussetzungen her nicht in der Lage gewesen, ihren Kindern irgend etwas über diese Zeit mitzugeben. Dieses beachtliche Defizit führt letztlich dazu, daß sich jüngere Leute von heute über die konkrete Kriegssituation von 1939 bis 1945 nicht die geringsten Vorstellungen machen. Wenn diese Jungen dann ihr unkonkretes Soldatenbild in ihre politischen Meinungen einfließen lassen, können sie nur zu Schlußfolgerungen kommen, die weit weg von jeder Realität sind.

Was halten Sie in dem Zusammenhang von dem Vorschlag, den der Gründer des Jewish Welcome Service, Leon Zelman, einmal gemacht hat, nämlich den Tag der Befreiung Österreichs vom NS-Regime zum Nationalfeiertag zu erklären und damit ein starkes Zeichen zu setzen, mit dem man gerade bei den Themen Pflichterfüllung und Österreich als erstes Opfer Hitlers anknüpfen könnte?

Der heutige Nationalfeiertag, an dem wir der Verabschiedung des Gesetzes über die immerwährende Neutralität gedenken, bringt eine Periode zum Abschluß, die nicht 1945, sondern 1938 begonnen hat. Das Wiedererlangen staatlicher Selbständigkeit und Autonomie und der Abzug fremder Truppen aus dem Land ist der eigentliche Schlußstrich unter die unmittelbare und mittelbare NS-Ära. Ob man jetzt einen Feiertag an einem bestimmten Tag abhält oder an einem anderen, ist nicht so wichtig. Wichtig ist, ob mit einem solchen Feiertag oder Gedenktag weiterhin Inhalte vermittelt werden. Ich meine daher, daß am Nationalfeiertag, also am 26. Oktober, auch wenn manche Leute es für überflüssig oder belastend halten, doch auf das geschichtliche und politische Zustandekommen dieses Tages hinzuweisen ist. Wir sind zwar in letzter Zeit ein bißchen davon abgerückt, dem Tag weiterhin historische Bedeutung zu verleihen, aber, offen gesprochen, Wandern und Fitness, Hauptprogramm vieler Österreicher an diesem Tag, sollte man auch an den anderen 364 Tagen des Jahres für wichtig halten.

Kehren wir noch einmal zu Waldheim zurück. Sie haben auch von Schaden gesprochen, der aus seiner Ära resultiert. Können Sie ihn quantifizieren oder benennen, welcher Art dieser Schaden war?

Wirtschaftlicher Schaden ist sicherlich keiner eingetreten. Österreich war aber in gewissem Umfang in zahlreichen Ländern der Welt abgestempelt. Manche Leute haben uns als isoliert betrachtet. Ich schließe mich diesem Begriff nicht an, wir waren nicht isoliert. Es gab aber keine hundertprozentige politische Akzeptanz. Ob diese Haltung unserer Partner richtig oder falsch war, steht auf einem anderen Blatt.

Man sagt, wir hätten internationale Konferenzen verloren, die KSZE-Abschlußkonferenz fand in Paris statt und nicht in Wien, weil die Staatsoberhäupter dann Waldheim besuchen hätten müssen, was sie vermeiden wollten.

Ich bin ziemlich sicher, daß wir mit der Durchführung der KSZE-Abschlußkonferenz in der gegebenen atlantischen Kräftekonstellation auch bei einer anderen Besetzung des Leopoldinischen Trakts der Hofburg nicht betraut worden wären. Das war nicht das Problem. Aber wir sind eben wie ein schlechtlaufender Motor manchmal nur auf zwei oder drei Zylindern dahingestottert. So sind wir beispielsweise in allen Nahostfragen ausgefallen. Zwar hat Waldheim sich besonders zugute gehalten, daß er zur arabischen Welt beste Beziehungen hatte. Wenn man aber mit der anderen Seite des Flusses, nämlich mit Israel, keine Verbindung hat, entfällt natürlich jede Art von Vermittlerrolle. Das kann man zwar nicht direkten politischen Schaden nennen, dennoch blieben wir in unseren politischen Möglichkeiten beschränkt. Ebenso bin ich auch überzeugt davon, daß diese Entscheidung der Amerikaner falsch und uns gegenüber überaus unfair war, andererseits kann man nicht wegdiskutieren, daß Waldheim auf der Watchlist stand.

Sie haben angeblich versucht, einen Zweiteilungsvorschlag zu machen. Nämlich daß Waldheim als Präsident von der Watchlist gestrichen werden und anschließend als Privatmann wieder hinaufgesetzt werden sollte, worüber sich die »Süddeutsche Zeitung« sehr belustigt hat.

Das hat man mir in die Schuhe geschoben. So etwas habe ich nie gesagt. Ich habe allerdings bei all meinen anders angelegten Versuchen sowohl von Präsident Reagan als auch vom damaligen Außenminister George Shultz eine diesbezüglich sehr kalte Schulter gezeigt bekommen.

Wenn Sie jetzt aus Ihrem Fenster zur Hofburg hinüberschauen, was ist dort jetzt anders?

Sicher ist dort wieder die Tür für die ganze Welt offen. Es war ja auch eine absurde Situation, daß mich Ministerpräsidenten, die mich besuchten, gebeten haben, das Treffen in Salzburg oder in Innsbruck abzuhalten, um der Verlegenheit aus dem Weg zu gehen, bei Waldheim einen Besuch abstatten zu müssen. Das konnte man nicht wirklich als einen dauerhaften und vor allem nicht auf Dauer ungefährlichen Zustand bezeichnen.

In der Ära Waldheim hatten Sie als Bundeskanzler durch seine Absenz mehr außenpolitischen Spielraum. Seit Juni 1992 sitzt in der Hofburg ein neuer, dynamischer Mann, Diplomat von Beruf, der nicht nur außenpolitisch Ihren Spielraum einschränkt, sondern auch versucht, innenpolitisch aktiver zu werden als sein Vorgänger. Der Konflikt scheint programmiert und wurde auch sofort hochgespielt.

Selbstverständlich versucht man, hier ein Klima der Rivalität zu schaffen. Ich sehe dem recht gelassen entgegen, denn es wird weder zu einer persönlichen Rivalität noch zu einer Rivalität der Ämter kommen. Die beiden Ämter sind verfassungsrechtlich und auch realpolitisch so klar umrissen, daß daraus politische Rivalität nicht entstehen kann. Ich glaube, daß der neue Bundespräsident sie nicht bezweckt, und auch ich bezwecke sie nicht. Wir befinden uns jetzt in einer gewissen Nachkampagnephase, da versucht man halt, so etwas hochzustilisieren. Aber das Pflichtenheft ist so eindeutig geschrieben, daß hier kein Konflikt entstehen kann.

Sie haben es selbst gesagt: Es ist verfassungsmäßig und realpolitisch alles ganz klar. Wobei das Amt des Bundeskanzlers realpolitisch viel stärker ist als verfassungsmäßig vorgesehen, während es sich beim Amt des Bundespräsidenten eher umgekehrt verhält.

Sie haben recht, verfassungsmäßig ist der Kanzler der »Primus inter pares« in der Regierung, während der Bundespräsident diese Regierung absetzen kann. Meiner Auffassung nach besteht politische Führung zuerst darin, auf die zentralen Fragen, auf die Themen der Zeit, wie ich sie nenne, inhaltlich-programmatische und praktisch-pragmatische Antworten bereit zu haben. Vor allem aber kommt es auf die Umsetzungsmöglichkeiten an. Es geht beispielsweise darum, in einer härter gewordenen Konkurrenzwelt einen hohen Beschäftigungsgrad zu sichern, faktisch, materiell und technisch mit Zuwanderungs- und Flüchtlingsproblemen fertig zu werden, EG-Verhandlungen zu führen – das sind ganz klare Regierungsaufgaben.

Das heißt, in diesem Buch werden Sie nicht nach dem Muster von Weizsäckers, der ja gefordert hat, das Amt des deutschen Bundespräsidenten solle nach österreichischem Beispiel durch Direktwahl aufgewertet werden, die Forderung erheben, daß der österreichische Bundeskanzler nach dem Muster des deutschen aufgewertet wird.

Wenn auch Thomas Klestil in einem seiner ersten Interviews als Bundespräsident gesagt hat, er werde sich, falls man nicht auf ihn höre, an die Medien wenden und es zu einer »Weizsäcker-Kohl-Situation« kommen lassen, meine ich doch, Parallelaktionen im Musilschen Sinn sollten der österreichischen Literatur vorbehalten bleiben. Im übrigen ist unsere Verfassungslage klar, eindeutig und ausreichend.

Sie haben vor drei Jahren Jörg Haider als »weniger gefährlich als Schönhuber und Le Pen« eingestuft. Halten Sie diese Klassifikation noch aufrecht?

Ja, wenn Schönhuber und Le Pen für aggressive und militante Ausländerfeindlichkeit stehen, sind sie, jedenfalls in Wortwahl und Aggressivität, Haider voraus.

Wobei man das in Österreich etwas anders sieht als in Deutschland. Haider wird im Ausland fast immer in einem Atemzug mit den beiden genannt.

Haider ist im Ausland zu einem stehenden Begriff geworden, es braucht weder Herkunftsland noch Beruf neben seinem Namen zu stehen. Der Vorbehalt gegen diesen Namen fehlt niemals.

Halten Sie den Haider-Effekt für begrenzt oder etwa sogar für beendet?

Ich halte ihn auf alle Fälle für begrenzt und auch für begrenzbar. Haider übt sich zwar in aggressiver Rhetorik und hat seine Truppe zweifellos gut organisiert, aber seine politischen Aussagen und seine politische Tätigkeit erschöpfen sich hauptsächlich in Kontrastellungen und im Anprangern von vermeintlichen oder wirklichen Mißständen. Darüber hinausgehende politische Inhalte pflegt er nicht vorzutragen.

Aber diese Protestpose kann, kombiniert mit der Unterstützung des größten Printmediums im Land, einiges bewegen und bewirken. Seine Partei hat ja bei der letzten Wiener Gemeinderatswahl 40 Prozent ihrer Stimmen von der SPÖ geholt. Bietet nicht die Koalitionsregierung durch gegenseitige Lähmung vor dem Hintergrund des österreichischen Gesamtzustandes allzu viele Angriffspunkte, sodaß sich die Kombination aus Protest und Boulevard noch eine Weile aufschaukelt?

Es sind natürlich alle, die in Regierungsämtern oder sonstwo in politischer Verantwortung tätig sind, aufgerufen, die Zahl der Angriffs- und Ansatzpunkte für die Opposition, also im konkreten für Haider, so gering wie möglich zu halten. Wir werden noch darauf zu sprechen kommen, was sich Staat, Verbände und Parteien in Wirklichkeit nicht leisten sollten. Was Haider da und dort artikuliert, würden etliche Staatsbürger auch artikulieren, ohne glühende FPÖ-Anhänger oder FPÖ-Mitglieder zu sein. Insofern sehe ich das ganz nüchtern und muß das so trocken analysieren, wie es eben ist. Es stellt sich allerdings die Frage, ob es schon genügt, auf Unzulänglichkeiten hinzuweisen, oder ob der Staatsbürger nicht von einer kritischen Opposition Alternativen hören möchte. Wir haben wirklich keine Hinweise, daß die Haider-FPÖ solche hat. Wenn Alternativen angedeutet werden, wechseln sie in regelmäßigen zeitlichen Abständen von einem Extrem ins andere und driften mit großer Verläßlichkeit ins Absurde, denken wir nur an zuletzt geäußerte Vorschläge des einstigen EG-Befürworters Haider, Österreich solle auf eine EG-Mitgliedschaft verzichten, dafür aber der NATO beitreten.

Haben Sie ein Vranitzky-Rezept gegen Haider?

Womit können die politischen Kräfte den Staatsbürger überzeugen? Was braucht meine Partei in Konzept und Programm, um einen stark kritischen, demagogischen, populistischen Oppositionellen in die Schranken zu weisen? Wenn es uns gelingt, die zünftlerischen Beschränkungen des österreichischen Systems im Rahmen einer Deregulierung mit Augenmaß abzuschaffen, wenn es uns gelingt, den Umbau Österreichs in eine moderne und offene Gesellschaft zügig fortzusetzen, wenn es uns gelingt, die schon erwähnten geschützten Nester abzuschaffen, hat Haider gar keinen Platz mehr, seine Aggressivität zu entfalten. Kurz gesagt: Der wichtigste Gegenzug heißt Demokratisierungsoffensive.

Wie schnell bewegt sich das System, und wie schnell müßte es sich bewegen, um Haider nicht diese Auswahl an Angriffsflächen zu bieten? Nationalratspräsident Heinz Fischer, stellvertretender SP-Vorsitzender, hat zu Jahresbeginn eine Pressekonferenz gegeben, wo er indirekt auch Sie und direkt die Regierung kritisiert hat, sie solle sich nicht öffentlich über lächerliche Fragen streiten, sie solle nicht zögern bei Dingen, wo ohnehin Konsens vorhanden ist. Was können Sie als Kanzler und als Chef der Koalition tun, um die Regierungsarbeit zu beschleunigen, oder sind Ihre Mittel bei der Ingangsetzung dieses gesamtgesellschaftlichen österreichischen Kolosses doch sehr begrenzt?

Heinz Fischer ist in seiner prinzipiellen politischen Abgrenzung zu Haider unverdächtig. Als Präsident des Nationalrates und wohl auch seinem Naturell entsprechend, hält er dem Klubobmann Haider gegenüber andere Konventionen ein als ich, der ich mich solchen Konventionen nicht verpflichtet fühle. Nun zum Konsens und zu den Angriffsflächen, die ein Nichtkonsens im ersten Augenblick bietet: Als die derzeitige Regierungsform, also die Koalition aus SPÖ und ÖVP, im Jahr 1986 entstand, meinte die kommentierende Öffentlichkeit ziemlich einhellig, die zwei großen Parteien sollten deshalb zusammenarbeiten, weil so viele Fragen von grundsätzlicher Bedeutung zu lösen waren. Man befürchtete einen eintönigen, grauen Koalitionseintopf, und sagte voraus, die Parteien würden in ihren Stellungnahmen gänzlich konvergieren. Man hat sogar diskutiert, ob man nicht angesichts einer solchen Konstellation die Minderheitenrechte im Parlament noch stärken soll. Ich habe damals schon die Meinung vertreten, es werde sicher kein Einheitsbrei werden können, dazu sind die zwei Parteien aus ihrer Geschichte, aber auch aus der Zusammensetzung der verschiedenen Interessengruppen einfach zuwenig konvergent. Man darf nicht vergessen, daß die Volkspartei über etliche Zeit der Regierungstätigkeit durch Personaldiskussionen erheblich geschwächt war, was die Regierungsarbeit bekanntlich nicht gerade erleichtert. Gemeinsame politische Aktionen setzen ja den zeitraubenden Kompromiß und den Interessenausgleich zunächst schon einmal innerhalb der Parteien voraus. Autoritäre Kommandostrukturen wären die bedenkliche Alternative. Gleichzeitig mit der Forderung nach Demokratie erhebt man nun die Forderung nach mehr Geschwindigkeit. Beides zu vereinen ist oft nur unter dem Qualtingerschen Motto des Wilden auf seiner Maschin' möglich: »Ich weiß zwar nicht, wo ich hinfahr', aber dafür bin ich schneller dort.« Regierungsarbeit dauert eben länger, als manche wollen. Große Themen wie Steuerreform oder Pensionsneugestaltung gleichen der Beschäftigung mit seit Jahrzehnten wachsenden Hecken, die aus verschiedenen Sträuchern und Bäumen bestehen. Man wünscht sich diese Vielfalt, wie man sich die Vielfalt der Meinungen und Interessen wünscht, aber andererseits fordert man, daß der Bundeskanzler mit der Heckenschere drüberfährt und alles, was höher als einen Meter siebzig ist, abschneidet.

Vielleicht sagt man: mehr Demokratie und meint mehr Transparenz?

Durchaus möglich. Aber wo gibt es wirklich entscheidende Transparenzdefizite? In welcher parlamentarischen Verhandlung oder in welchen parlamentarischen Abläufen wird etwas versteckt?

Gemeint sind die sozialpartnerschaftlichen Verhandlungen im parlamentarischen Vorfeld, hinter verschlossenen Türen.

Wer verschlossene Türen für undurchlässig hält, kennt die österreichische Innenpolitik nicht. Aber selbst im unwahrscheinlichen Fall des heimlichen Zustandekommens eines Gesetzesentwurfs tritt spätestens im Parlament selbstverständlich eine schonungslose Belichtung seines Inhalts ein. Trotzdem verschließe ich mich dem Vorhalt der mangelnden Transparenz nicht, wenn auch aus anderen als den von Ihnen angeführten Gründen. Eine Steuerreform zum Beispiel geht im großen und ganzen davon aus, daß die Verfahren vereinfacht, die Tarife gesenkt werden und die Steuerpflichtigen weniger Steuern zahlen sollen. Gleichzeitig aber sind natürlich soziale Aspekte zu berücksichtigen, sozialpolitische Argumente, familienpolitische Aspekte, damit die Verteilungsgerechtigkeit im Steuersystem nicht auf der Strecke bleibt, sondern im Gegenteil verbessert wird. Tausende von verschiedenen Anwendungs- und Einzelfällen müssen in einem riesigen Modell aus verschiedenen Gleichungen zusammengefaßt werden. Daß ein so komplexer Vorgang für den Staatsbürger nicht immer transparent ist, sehe ich ein. Es gibt eben in komplexer und vielschichtiger werdenden Gesellschaften bei ständig zunehmendem Vernetzungsgrad immer weniger einfache Lösungen.

Österreich und Europa: Integration trotz Krisen und Kriegen

Warum sollten wir Österreicher nach Europa, und was bringen wir nach Europa?

Österreich liegt nicht nur geographisch im Herzen Europas, es ist auch politisch, wirtschaftlich und kulturell Bestandteil dieses Kontinents. Als Mitglied des Europarates, der EFTA und der KSZE hat es tatkräftig an der europäischen Integration mitgewirkt. Ein Teil des österreichischen Nachkriegstraums war es ja, nach all den Wirrnissen und Leiden des Landes bis zum Jahr 1955, den anderen Europäern gegenüber nicht als ein rückständiges Land, sondern als ebenbürtig zu gelten und nicht unter dem Komplex zu leiden, die anderen seien tüchtiger und moderner. Das ist ein Aspekt, der seit der zweiten Hälfte des 19. Jahrhunderts die Denker unseres Landes beschäftigt hat. Mittlerweile haben wir diesen Rückstand aufgeholt. Das ist einer der Beweise für meine These, daß wir längst – und eben nicht nur geographisch – mitten in Europa sind.

Warum müssen wir Österreicher dann aber in die EG?

Wir müssen zukünftig ein noch aktiverer Teil dieser europäischen Integration sein, weil sie Österreich Rahmenbedingungen setzt, ob wir wollen oder nicht. Wenn wir glauben, diese Rahmenbedingungen durch das

Fernbleiben vom Integrationsprozeß ignorieren oder durch einen Sondervertrag anstelle der Mitgliedschaft umgehen zu können, wird das unsere Chancen in Europa nicht begünstigen. Die europäische Integration entwickelt sich trotz mancher Rückschläge, mit oder ohne Österreich. Ich meine, sie sollte es mit Österreich tun. Davon könnten beide Seiten profitieren. Unter Integration verstehe ich im übrigen nicht bloß den heutigen formalen Rahmen der EG, dieses Projekt Europa muß vielmehr sukzessive zu einem Aneinanderrücken der europäischen Völker führen. Das ist nicht nur eine ökonomische oder politische, sondern eine zutiefst kulturelle Aufgabe, welche Offenheit, Neugier und die Bereitschaft erfordert, Neues und anderes zu akzeptieren. So verstanden, geht der Europagedanke weit über das hinaus, was heute Brüssel darstellt. Ich füge hinzu, daß ein umfassend kulturell verstandenes Europa nicht ausschließlich westlich fixiert sein darf. Es wäre kurzsichtig, auf das kreative Potential Osteuropas mutwillig oder fahrlässig zu verzichten. Hochmut steht uns im Westen nicht an. Wir sollten versuchen, unsererseits auch vom Osten zu lernen. Schließlich, um den aktuell vielleicht wichtigsten Grund für die Notwendigkeit einer verstärkten europäischen Integration zu nennen, muß Europa auch unter dem Friedensaspekt gesehen werden: Wir leben in einer Welt voll existentieller Bedrohungen, die auch im Jahr 1992 nicht verschwunden, sondern vielmehr um neue vermehrt worden sind.

Was trägt die europäische Gemeinschaft speziell zur Sicherheit Österreichs bei?

Eine stabile Friedensordnung in Europa kann nur mit der EG verwirklicht werden. Denn daß dieses westeuropäische Integrationsmodell friedensstiftend ist, beweist ein Blick auf die Vorgeschichte der EG. Selbst das, was Jean Monnet, Konrad Adenauer, Robert Schuman und Carlo Schmid, um nur wenige zu nennen, nach dem Zweiten Weltkrieg umzusetzen begannen, reicht in die Zeit vor dem Krieg zurück. Allein bei Nennung dieser Persönlichkeiten fällt auf, daß die Staaten, deren Bürger sie waren, nämlich Frankreich und Deutschland, sich in den zurückliegenden Jahrhunderten oft genug miteinander im Kriegszustand befanden. Deutschland und Frankreich haben seit 1945 die Waffen nicht mehr gegeneinander erhoben, sie bilden heute eine der Kernachsen innerhalb der EG. Und auch sonst ist ein bewaffneter Konflikt zwischen EG-Staaten untereinander undenkbar.

Damit wird die EG zur wesentlichsten Säule einer stabilen Friedensordnung, und jene, die sich noch außerhalb dieses Systems befinden, die Osteuropäer, sind schrittweise in diese Integration einzubeziehen.

Wie soll das gehen?

Dafür muß man die Voraussetzungen schaffen, und zwar indem man die dafür notwendigen ökonomischen Grundlagen erarbeitet. In Rußland beispielsweise wollen die Menschen zwar kein Zurück zum alten System, sie erinnern sich aber daran, daß die Versorgung damals besser war. Ohne Wohlstand wird es keine gefestigte Demokratie geben und ohne Demokratie auch keinen Wohlstand. Beides ist zu erarbeiten, und der Westen tut im eigenen Interesse gut daran, intelligent und ohne

Vorbedingungen mit den Reformstaaten zu kooperieren. Denn wer hungert, zieht Diktatur und Gewalt einem Frieden ohne Perspektive vor. Es scheint wenig sinnvoll, den Osten erst dann zu unterstützen, wenn die freie Marktwirtschaft hergestellt ist, wie das manchmal gefordert wird. Eine Marktwirtschaft läßt sich nicht über Nacht installieren, eine Demokratie kann man aber im selben Zeitraum beseitigen.

Die EG insgesamt ist doch eine westlich, eine bürgerlich-revolutionär geprägte, eine aus dem Geist des Anti-Hitlerismus entstandene Sache. Wir Österreicher haben mit unseren Habsburger-Wurzeln einen anderen geschichtlichen Hintergrund. Sehen Sie in Österreich deshalb nicht auch mentalitätsmäßige Probleme bei der Integration?

Auch in Österreich gibt es eine durchaus internationalistisch ausgerichtete Tradition. So haben etwa die österreichischen Sozialdemokraten noch vor dem Ersten Weltkrieg versucht, mit einer sogenannten Kleinen Internationale dem aufkeimenden Nationalismus gegenzusteuern. Im Grunde gibt es mentale und aus der eigenen Geschichte zu erklärende Vorbehalte wohl in jedem europäischen Land. Das ist auch der große Unterschied zum Modell der Vereinigten Staaten von Amerika. Das sich neu bildende Amerika hatte vor mehr als 200 Jahren keine Barrieren an Tradition und Mentalität zu überwinden. Solche Barrieren aber wird man in ganz Europa antreffen. Daher ist dieses Modell Europa zweifellos ein schwieriger umzusetzendes, als wenn aus aller Herren Länder Menschen kommen und sich in einer Terra incognita ansiedeln und Schritt für

Schritt eine Einstellung entwickeln, die mit der ihrer Herkunftsländer kaum etwas gemein hat. Auf das heutige Österreich bezogen, bin ich vollkommen davon überzeugt, daß man mentalen Vorbehalten gegen die Integration Rechnung tragen muß. Daher darf die europäische Integration natürlich – wie einige Beispiele schon zeigen – nicht verordnet werden. Sie besteht in Wirklichkeit viel eher aus Aufklärung und Überzeugungsarbeit denn aus Gesetzestexten. Diese Überzeugungsarbeit muß zum Inhalt haben, daß jeder bei dieser Integration gewinnen kann, was wiederum zur Voraussetzung hat, daß diese Integration die Menschen auch gewinnen läßt.

Wie soll diese Überzeugungsarbeit der Bevölkerung gegenüber aussehen?

Zunächst gilt es, umfassend zu informieren. Es bestehen viele Ängste und Vorurteile, die zum Teil auf mangelnder Information beruhen. Wir wollen deshalb mit objektiver Information und klaren Fakten überzeugen, nicht überreden. Das Bedürfnis danach ist ohne Zweifel vorhanden. So registrieren wir etwa am EG-Informationstelefon im Bundeskanzleramt pro Tag durchschnittlich 200 bis 300 Anrufe, Bücher und Informationsbroschüren wurden zu Hunderttausenden vom Staatssekretariat für Integrationsfragen gezielt verschickt.

Was sagen Sie diesen Leuten?

Wir versuchen Vor- und Nachteile eines EG-Beitritts darzustellen und ihre konkreten Fragen zu beantworten. Zu den Vorteilen gehören die zu erwartende Senkung des Preisniveaus um 5,2%, eine reale Einkommenssteigerung um 4,1%, zusätzliche 55.000 Arbeitsplätze und eine zusätzliche Steigerung des Wirtschaftswachstums um 3,6% nach jeweils sechs Jahren, um nur einige und ziemlich genau errechnete Vorteile zu benennen. Naturgemäß wird ein verstärkter Wettbewerb einige Branchen vor neue Herausforderungen stellen. Und ich verkenne auch nicht die Probleme, die sich aus einer zentralen Bürokratie, aus dem freien Waren- und Personenverkehr, aus dem freien Grundverkehr ergeben. Österreich wird auch Netto-Zahler in die Gemeinschaftskasse sein. Wägt man all diese Vor- und Nachteile ab, ergibt sich für mich doch ein klares Urteil für einen EG-Beitritt Österreichs. Aber zu solch einem Urteil muß jeder Österreicher für sich selbst gelangen, diese Frage ist letztendlich ebenso wichtig wie die Entscheidung für die immerwährende Neutralität oder den Staatsvertrag im Jahr 1955.

Eine der am häufigsten artikulierten Ängste ist, daß sich eine starke Suprastruktur über alles legt, in welcher demokratisch nicht gerade überentwickelte Institutionen die Entscheidungen treffen.

Auch da hilft nur Aufklärung und Information darüber, wie Entscheidungen zustande kommen. Subsidiarität bedeutet, politisch-hierarchisch gesehen, Entscheidungen auf der niedrigstmöglichen Stufe zu treffen. Ein Beispiel: Alles, was eine österreichische Gemeinde betrifft und was im Schoß der Gemeinde beschlossen werden kann, soll auch dort beschlossen werden. Erst wenn dieses Thema über den Wirkungsbereich der Gemeinde hinausgeht, sollte es im Bundesland, dann in der Bundesregierung und dann im übergeordneten Europa entschieden werden. Die Abwasserordnung einer österreichischen Gemeinde hat demnach in Brüssel nichts verloren. Natürlich ist die europäische Integration nicht etwas, das einmal geschaffen wird und dann idealerweise die nächsten hundert Jahre unverändert besteht. Die Integration – das muß man sehr klar sagen – ist kein Zustand, sondern muß in Wirklichkeit als Prozeß, als eine Entwicklung verstanden werden, die man beeinflussen kann und soll. Dabei ist immer wieder unsere Gestaltungskraft gefordert.

Haben Sie Angst, daß Österreich für diesen Prozeß nationalstaatlich nicht genug gefestigt sein könnte? Wird ein Europa, in dem die Regionen immer mehr an Bedeutung gewinnen, noch zusammenhalten, oder muß man dann einen Vorarlberger oder Kärntner oder noch kleineren Separatismus befürchten?

Die Integration wäre mißverstanden, würden die Bürger, die sich diesem Modell eines gemeinsamen Europas anschließen, meinen, sie müßten ihre Eigenheiten, ihre spezifischen Individualitäten an der Garderobe im Eingang des Palais Berlaymont in Brüssel abgeben. Ich halte gerade die Aufrechterhaltung und die Pflege von Individualität und Identität für einen der wesentlichen Schlüssel zum europäischen Erfolg. Österreich ist als föderalistisch strukturierter Staat gut dafür gerüstet.

Trotzdem könnte Europa bedeuten, Tiroler werden noch tirolerischer und vereinigen sich dann vielleicht mit

Südtirol zu einem Großtirol. Zudem sind ja Nationalstaaten immer Konstrukte, mit denen Sie als Sozialdemokrat gewisse Probleme haben müssen, schon der internationalistischen Grundlage dieser Partei wegen.

Eine der wesentlichen Konsequenzen des Integrationsprozesses ist die abnehmende Bedeutung der nationalen Grenzen. Das muß nicht notwendigerweise im Gegensatz dazu stehen, daß die Staatsidee der Republik Österreich dennoch aufrechterhalten wird. Das Verhältnis der Integration zum Nationalstaat ist ein durchaus ambivalenter Prozeß, der sehr befruchtend sein kann. Je freizügiger sich ein Mensch bewegen kann, umso mehr wird er es schätzen, in einem Land zu leben, das ihm diese Möglichkeiten eröffnet. Anders gesprochen: Das Bekenntnis zu einem Staat und zu einer Gesellschaft ist niemals durch Isolation, Zwang oder Verordnung hervorgerufen worden. Gerade die ehemaligen Volksdemokratien haben dadurch, daß sie ihre Leute eingesperrt und, so wie in der DDR, ihnen an den Grenzen sogar nachgeschossen haben, keinen zusätzlichen Patriotismus hervorgerufen. Staatsidee und Integrationsidee finden nur dann Akzeptanz, wenn sie nicht verordnet werden, sondern die Möglichkeit freier Entfaltung bieten. Im Endeffekt hängt es natürlich von der Politik ab, ob sie ein Integrationsmodell vermitteln kann, bei welchem Patriotismus und Integrationswille einander nicht aufheben. Ich jedenfalls sehe darin keine Gegensätze, ich sehe auch keine Gefahr, daß starkes Regionalbewußtsein der Integration schaden könnte.

Es ist in Österreich gerade erst gelungen, das Bewußtsein einer österreichischen Identität zu etablieren, obwohl von rechtsaußen ständig versucht wird, diese zu unterminieren. Sehen Sie nicht eine Schwierigkeit darin, daß man diese gerade erst mühsam erworbene nationale Identität schon wieder mit einer gewissen Auflösung bedroht?

Ich will es ausnahmsweise einmal nicht mit Nestroy halten, der gesagt hat, die edelste Nation unter allen sei die Resignation. Österreichs nationale Identität ist gefestigt, das zeigen alle Umfragen. Die Österreicher stehen zu Österreich als Nation, auch wenn dies manche Rechtspopulisten nicht wahrhaben wollen. Also gibt es keinen Grund, warum die Integration die nationale Identität schwächen sollte. Italienern und Franzosen, seit langem EG-Mitglieder, kann man sicher nicht mangelndes Nationalbewußtsein nachsagen.

Ein Satz von Kreisky lautet: »So viel Vertrauen wie möglich im Westen schaffen, so wenig Mißtrauen wie möglich im Osten.« Dieser Satz diente jahrzehntelang als Leitlinie österreichischer Außenpolitik. Wie sehen Sie ihn heute?

Dieser Satz ist natürlich unter den Bedingungen des Ost-West-Konfliktes entstanden. Vertrauen schaffen heißt eigentlich, immer wieder Handschlagqualität beweisen, und das bedeutet zum gegenwärtigen Zeitpunkt den EG-Staaten oder Westeuropa gegenüber die Annäherung aufrechten Ganges. Ein Heranbuckeln würde nicht mehr Vertrauen schaffen, denn niemand wird echtes Vertrauen zu jemandem entwickeln, der sich unterwürfig nähert. Deshalb haben wir ganz klar unsere Interessen definiert und diese sowohl in die Verhandlungen über den EWR-Vertrag als auch in die

Gespräche über den EG-Beitritt eingebracht. Vertrauen schaffen heißt aber auch, daß man den höheren Lebensstandard, den es in Österreich, verglichen zu den ost- und mittelosteuropäischen Staaten, gibt, nicht protzend, nicht prahlerisch vorzeigen darf. Vertrauen schafft man, indem man sich als Partner einer echten Kooperation erweist und nicht schulmeisterlich mit erhobenem Zeigefinger durch Osteuropa geht und versucht, gute Ratschläge zu geben. Allerdings werden wir in der Zusammenarbeit mit den osteuropäischen Staaten noch mehr Zeit brauchen, um gemeinsame Fortschritte zu erzielen, mehr Zeit jedenfalls, als von vielen Leuten angenommen wird. Denn wir dürfen nicht vergessen, daß die politischen und wirtschaftlichen Entwicklungen in den einzelnen Ländern durchaus unterschiedlich verlaufen. Nach dem Fall des Eisernen Vorhangs war die Euphorie auf beiden Seiten vielleicht zu groß, Westeuropa war vielleicht zu optimistisch, was die Geschwindigkeit der Veränderungen in Osteuropa betrifft. Die Erwartungshaltungen waren einfach zu hoch gespannt.

Sie haben damals frühzeitig vor Euphorie gewarnt.

Man hat die Lage in den verschiedenen osteuropäischen Staaten vielleicht nicht immer richtig eingeschätzt und da und dort gemeint, mit dem Ende des Kommunismus entwickelten sich Gesellschaften nach westlichem Muster gleichsam wie von selbst. Das war natürlich nicht der Fall und wird auch für geraume Zeit nicht der Fall sein. Hier bedarf es schon differenzierterer Strategien als jener, bloß Geld von West nach Ost zu pumpen. Auch die Osteuropäer müssen untereinander wieder tragfähige Beziehungen entwickeln. Der individuelle und mit anderen nicht koordinierte Gang nach Brüssel allein scheint mir jedenfalls nicht der richtige Weg zu sein. Solange die Handelsbeziehungen der ehemaligen COMECON-Staaten untereinander praktisch zum Erliegen gekommen sind, wird es schwer sein, in Osteuropa einen nachhaltigen Wirtschaftsaufschwung zu initiieren. Der gemeinsame Gang der West- und Osteuropäer in ein neues Europa wird ein mit vielen Hindernissen versehener Gang werden.

Das gilt wohl umso mehr auch für ein kollektives europäisches Sicherheitssystem. Kann sich das neutrale Österreich aus einem solchen Sicherheitssystem überhaupt heraushalten?

Das kommt auf das Sicherheitssystem an. Österreichs Neutralität und vor allem seine Neutralitätspolitik sind im Wandel der Zeiten zu sehen. Die Neutralität hat allerdings einen völkerrechtlichen Kern, der uns gewissermaßen zeitlos vorschreibt, keine militärischen Basen fremder Staaten auf dem eigenen Staatsgebiet zuzulassen, keinen militärischen Bündnissen beizutreten, im Kriegsfall alles zu unterlassen, was eine der Konfliktparteien begünstigt. Zu diesem völkerrechtlichen Kern tritt das, was man unter Neutralitätspolitik versteht – nämlich eine Politik, die es von vornherein vermeidet, in mögliche Konflikte hineingezogen zu werden. Neutralitätspolitik muß jeweils nach der internationalen Lage und der aktuellen politischen Situation neu entwickelt werden. Für Österreich ist seine Neutralität weder Religionsersatz noch Weltanschauung.

Natürlich hat sie – nicht zuletzt aufgrund der Art und Weise, wie sie zustande gekommen ist – viel zur österreichischen Nachkriegsidentität beigetragen. Sie ist im übrigen – und damit möchte ich einen weitverbreiteten Irrtum aufklären – eine selbstgewählte, selbst beschlossene und von niemandem garantierte Neutralität. Sie ist damit ein sicherheitspolitisches Konzept, das auf den Kleinstaat zugeschnitten ist – ideal für einen Kleinstaat in der geographischen Lage Österreichs, an der Schnittlinie der beiden Paktsysteme. Nach dem Ende des Kalten Krieges hat sich die sicherheitspolitische Situation in Europa und damit auch die Österreichs grundlegend geändert.

Wahrt die Neutralität unter diesen geänderten Bedingungen heute noch Österreichs Sicherheit?

Es sind heute in der Tat Sicherheitsbedrohungen vorstellbar, die nicht allein mit dem Konzept der Neutralität zu beherrschen sind. Auf manche Bedrohungen ist sie gar nicht anwendbar und schützt uns davor auch nicht. Daher müssen wir uns auch nach anderen, wirksameren Mitteln der Aufrechterhaltung unserer Sicherheit umsehen. Und diese anderen Möglichkeiten bietet ein neues europäisches Sicherheitssystem, wie es derzeit in den Grundzügen vorliegt, dessen konkrete Ausformung freilich noch offen ist. So wie die Dinge derzeit liegen und wie sie zu beurteilen sind, ist es im Interesse der Sicherheit Österreichs geboten, diesem neuen System anzugehören. Ich trete jedenfalls dafür ein. Bis dahin gibt es allerdings keine Veranlassung, sich von der Neutralität zu verabschieden. Und auch danach ist es durchaus vorstellbar, daß der neutrale Staat in einem solchen Sicherheitssystem seinen Platz und seine adäquate Rolle hat. So wie dies ja heute bereits im kollektiven Sicherheitssystem der Vereinten Nationen der Fall ist. Als es im Golfkrieg um die Genehmigung von Überflügen und Materialtransporten über und durch das neutrale Österreich ging, konnten wir uns dazu verpflichten, weil diese Maßnahmen im Rahmen der Vereinten Nationen, also des kollektiven Sicherheitssystems, stattgefunden haben. Ich verhehle nicht, daß dies eine Vorgangsweise war, die vielen Freunden, vor allem in der eigenen Partei, erst erklärt werden mußte. Ich meine aber, daß gerade für Sozialdemokraten das Einstehen für eine internationale Solidarität dann notwendig ist, wenn ein Bruch des Völkerrechtes vorliegt.

Einige Kommentatoren sehen durch das Nichtzustandekommen eines europäischen Sicherheitssystems, das am Einspruch der Amerikaner gegen eine diesbezügliche Partnerschaft der Franzosen und der Deutschen vorläufig gescheitert ist, auch das Zustandekommen der politischen Einheit Europas gefährdet. Behält Österreich seine Neutralität sozusagen als Sicherheitsnetz für den Fall, daß die politische Einheit Europas nicht zustande kommt?

Manche Leute plädieren für ein sang- und klangloses Abgehen von der Neutralität zum jetzigen Zeitpunkt. Dafür sehe ich überhaupt keine Veranlassung. Im Gegenteil, es wäre sogar die Preisgabe eines Prinzips, ohne im Vorfeld irgendeine Gegenleistung in Form eines Mehr an Sicherheit erhalten zu haben. Dies umso mehr, als das Zustandekommen einer europäischen Union und eines Sicherheitssystems ohnehin mit vielen Fragezeichen versehen werden muß.

Die Sowjetunion, solange sie noch bestanden hat, war außenpolitisch der vehementeste Garant der Neutralität. Edward Schewardnadse hat noch in seinen letzten Amtstagen als Außenminister der UdSSR geäußert, ein Beitritt Österreichs zur EG wäre einfach ein Beitritt zu einem westlichen politisch-militärischen Bündnis und zöge deshalb die Aufgabe der Neutralität nach sich.

Aber selbst als es die alte UdSSR noch gab, ist der Widerstand Moskaus gegen eine EG-Mitgliedschaft Österreichs immer mehr geschwunden. Ich erinnere mich an einen offiziellen Besuch 1989 in Moskau. Der damalige Ministerpräsident Ryschkow war zunächst sehr skeptisch gegenüber einem EG-Beitritt Österreichs, auch wenn ich immer betont habe, daß das natürlich eine souveräne Entscheidung der Österreicher sei. Nach zweitägigen Gesprächen war auch die sowjetische Seite überzeugt und ließ über die Nachrichtenagentur TASS verlauten, daß die UdSSR im Fall eines österreichischen EG-Beitritts weiter von der österreichischen Neutralität ausgehe. Das entsprach unserer Position.

Gesetzt den Fall, es kommt zu einer EG-Integration Österreichs, bilden wir trotzdem sicherheitspolitisch eine Grenze, eine Systemgrenze. Mit oder ohne Neutralität, sehen Sie da nicht das Problem, daß Österreich wieder zu einer Art Grenzmark wird?

Grenzmark ist ein historischer Begriff, den man heute anders beurteilen muß als zu seiner Entstehungszeit. Österreich befindet sich, jedenfalls noch für eine gewisse Zeit, in einer Grenzsituation, die nicht deshalb beendet ist, weil der Stacheldraht weggerissen wurde. Ich spreche aber nicht zuletzt auch daher so positiv von der europäischen, also von einer über die EG hinausgehenden Integration, weil ich meine, daß gerade durch das Aufholen der ökonomischen Rückstände in jenen Ländern, die an unser Staatsgebiet grenzen, diese Grenzsituation abgebaut werden soll.

Im Moment liegen die Dinge allerdings umgekehrt. Wir haben die Grenzen dichtgemacht, während früher die Grenzen auf der anderen Seite dicht waren. Es waren zwar von unserer Seite keine Emigrationsströme in den Osten zu befürchten, aber umgekehrt ist es wohl der Fall, und das wird sich vermutlich noch verstärken.

Österreich hat im Jahr 1992 bereits über 50.000 Flüchtlinge aus dem ehemaligen Jugoslawien bei sich aufgenommen. Mit seiner Direkthilfe im Wert von über 1 Milliarde Schilling steht es europaweit an der Spitze. Die Anerkennungsrate bei Asylanträgen ist doppelt so hoch wie in Deutschland und dreimal so hoch wie in der Schweiz. Insgesamt leben 600.000 Ausländer legal in Österreich, auf nochmals 100.000 wird die Zahl der illegal sich im Land aufhaltenden geschätzt. Angesichts dieser Zahlen kann man doch nicht wirklich von einem Dichtmachen der Grenzen sprechen. Wir haben es aber stets vorgezogen, eine Einwanderungspolitik mit Augenmaß zu machen, also die Zuwanderung unter Kontrolle zu halten. Für Verfolgte sind Österreichs Grenzen offen, all jene aber, die ihre wirtschaftliche Lage verbessern wollen, können nur in beschränktem und kontrolliertem Maß aufgenommen werden. Hoyerswerda und Rostock sind warnende Beispiele dafür, daß Asyl- und

Aufnahmepolitik umfassender Begleitmaßnahmen bedürfen.

In Österreich gibt es das Problem einer gewissen Ängstlichkeit der Bevölkerung vor dem Neuen. Außerdem gibt es den vermutlich berechtigten Verdacht, daß mit Hilfe der EG das österreichische System aufgefrischt und modernisiert werden soll. Soll dieses Ziel jetzt über den Umweg Europa erreicht werden, weil die österreichischen Beharrungskräfte zu stark sind?

Ich bin mit dem klar ausgewiesenen Ziel, in Österreich einen Modernisierungsschub zu initiieren, angetreten. Das bedeutet, festgefahrene Strukturen, seien sie in der öffentlichen Wirtschaft, in der Verwaltung, in den Kammern oder Interessenverbänden, zu verändern. Eingriffe in Bestehendes, in vielleicht Liebgewonnenes, in wirklich oder scheinbar Bequemes rufen immer Widerstand hervor. Es zeigte sich, daß bestimmte Strukturveränderungen oft nur dann möglich wurden, wenn es galt, Katastrophen abzuwehren, die man ursprünglich gar nicht für möglich gehalten hatte. Beispielsweise wurde die Reform der Verstaatlichten Industrie nur möglich, weil sie in den Jahren 1984/85 faktisch vor dem endgültigen Aus stand. Die Alternativen bestanden damals in einem rigorosen Zusperren, wie das von konservativer Seite gefordert und in anderen Ländern praktiziert wurde, in einem Ausverkauf oder in grundlegenden Reformen. Wir haben uns für die letztgenannte Alternative entschieden und damit massenweise Arbeitslosigkeit und das Entstehen von Krisenregionen weitgehend vermieden. Strukturveränderungen ohne unmittelbaren Anlaß, aus reiner Einsicht in ihre Notwendigkeit, stoßen immer auf Widerstand, vor allem bei denen, die in diesen Strukturen leben und arbeiten. Diese Strukturveränderungen sind aber notwendig, mit und ohne europäische Integration. Mag sein, daß sie durch den Prozeß der Integration beschleunigt werden und daß daher bei jenen Menschen, die den Strukturveränderungen skeptisch gegenüberstehen, auch die Skepsis gegenüber der Integration wächst, weil die Integration als Ursache für diese unliebsamen Veränderungen angesehen wird. So wird der EG-Beitritt nicht selten als Rute im Fenster benützt. Angeblich stellt der eine oder andere Chef unwilligen Dienstnehmern die EG als eine Art Krampus dar, nach dem Motto, wenn du nicht folgst, wirst du schon sehen, was passiert, wenn wir in der EG sind. So kann die EG tatsächlich zur Drohung werden.

Können Sie konkretisieren, wo die Schuld auf die EG abgeschoben wird?

Beispielsweise in der Landwirtschaft. Man muß hier sehr deutlich die verschiedenen politischen Ebenen unterscheiden. Auch wenn die Bundesregierung bestimmte Strukturreformen in der Landwirtschaft vornimmt, bedarf sie dazu der Bereitschaft zur Zusammenarbeit auf der lokalen Ebene. Dort wird häufig argumentiert, daß nur die bevorstehenden EG-Verhandlungen zu diesen Reformen führen, die die Bauern angeblich schlechter stellen würden. Auch hier gilt: Reformen, etwa jene der bäuerlichen Einkommen, sind notwendig. Denn das gegenwärtige System der Ausgleichszahlungen ist ineffizient und hilft einem großen Teil der Bauern nicht. In jedem Fall ist es notwendig, dieses System schrittweise zu beseitigen und durch ein anderes, das auf Direktzahlungen aufbaut, zu ersetzen.

Welche anderen Beispiele fallen Ihnen ein?

Ich denke an die sogenannten geschützten Bereiche von Einzelhandel und Gewerbe, wo es absurde Barrieren zu überwinden gilt, wenn jemand ein Geschäft eröffnet oder in ein bestimmtes Gewerbe eintreten will, wo heute noch die Konkurrenten in der Kammerorganisation die Genehmigung dafür geben, ob mehr Wettbewerb sein darf oder nicht. All das wird gerade durch eine gesetzliche Neuregelung reformiert. Ein weiteres Beispiel ist der große Bereich der Versicherungen, ein mehr oder weniger abgesicherter Markt mit österreichischen Spezialkonditionen. Weil all diese Bereiche, wenn die Grenzen fallen werden, stärkeren Wettbewerb spüren, sind dort natürlich Strukturänderungen rascher notwendig.

Nach Umfragen sind lediglich knapp über 50% der österreichischen Bevölkerung EG-Befürworter, also weit weniger, als die Wählerklientel der beiden großen Parteien ausmacht. Die FPÖ schwenkt derzeit zu einem schlecht kaschierten EG-Nein um, und die zweite Oppositionspartei, die Grünen, war immer schon gegen die EG. Wie groß ist die Chance, daß versucht wird, politisch aus der Angst vor einer Internationalisierung Kapital zu schlagen?

Die Frage eines EG-Beitritts ist so bedeutend, daß man sich nicht nach kurzfristigen Stimmungslagen richten kann. Wenn eine Partei, die noch vor zwei Jahren zu den stärksten Befürworterinnen eines EG-Beitritts gehört hat, nun dagegen ist, sagt das bereits alles über ihre Seriosität. Vor nicht allzu langer Zeit hörte man noch aus dieser Ecke, nur die EG könne verhindern, daß Österreich zu einer Bettlerrepublik wird.

Ich habe nie zu den EG-Euphorikern gezählt und war stets der Meinung, daß es politische Arbeit bedeutet, die Bevölkerung für den Integrationsprozeß zu gewinnen. Es gibt eine große Anzahl von Unentschlossenen, sie ist größer als die Anzahl der Gegner. Hier muß informiert und aufgeklärt werden. Aber diese politische Arbeit betrifft ja nicht nur Österreich, sie muß in allen EG-Ländern aufs neue begonnen werden. Zu dem Zeitpunkt, da wir dieses Gespräch führen, hat das Referendum in Frankreich über die Annahme der Maastricht-Verträge noch nicht stattgefunden. Unabhängig von seinem Ausgang zeigt sich aber die große Notwendigkeit, zu erklären, was der nächste große Integrationsschritt, der in Maastricht vollzogen wurde, für die Menschen bedeutet.

Bis vor kurzem waren die einzigen relevanten Kritiker eines EG-Beitritts die Grünen. Sie kritisieren das Europaprojekt als ausschließlich ökonomisches Wachstumsprojekt.

Tatsächlich hat die Gemeinschaft als eine Wirtschaftsgemeinschaft begonnen, sie nannte sich auch so, und selbst wenn bereits in den Römer Verträgen der späten 50er Jahre politische Zielsetzungen formuliert waren, hat man doch in allererster Linie die Wirtschaft gemeint. Nicht zuletzt auch deshalb, weil in der Zeit des Kalten

Krieges politische Zielsetzungen etwa in Westeuropa mit der NATO gleichgesetzt waren. In Österreich kursierte das nicht sehr freundliche Wort von der EWG als der volkswirtschaftlichen Abteilung der NATO.

Mittlerweile gibt es den Kalten Krieg nicht mehr, mittlerweile gibt es das Binnenmarktkonzept und die Beschlüsse von Maastricht. Wahrscheinlich litt die Gemeinschaft unter dem Manko, daß sie hauptsächlich von Politikern, Industriellen und Konzernleitern diskutiert wurde und sich daher als so abgestempeltes Modell selber diskreditiert hat. Von sozialdemokratischer Warte her ist zu sagen, daß die verschiedenen sozialdemokratischen Parteien in der EG, aber auch die Gewerkschaftsbewegungen längst darangegangen sind, dieses Manko auszugleichen, die Gemeinschaft nicht als eine Gemeinschaft bloß der Industriellen und Konzernleitungen zu interpretieren, sondern Europa als ein Europa der Arbeiter und Angestellten, der Jugend, der Umweltbewegten oder der an Forschung Interessierten zu gestalten.

Einer der bereits angesprochenen Vorbehalte in Österreich ist die Angst, daß es durch Niederlassungsfreiheit und freien Kapitalverkehr zu einem Abverkauf von Grund und Boden kommen wird.

Das muß man ernst nehmen. Freilich gibt es in Österreich derzeit schon in verschiedenen Bundesländern hohe Prozentanteile von ausländischem Besitz an Grund und Boden. Während so manche Westösterreicher heute Angst vor der EG haben, weil durch sie ein Ausverkauf drohe, hat dieser Ausverkauf längst auch ohne die EG stattgefunden. Wir haben dennoch eine

Novellierung unserer Bundesverfassung vorbereitet, welche die Aufgabe, einen weiteren Ausverkauf zu verhindern, auf Landes- und Gemeindeebene verweist, wo sie auch am besten gelöst werden kann.

Länder und Regionen fürchten, nicht ausreichend repräsentiert oder geradezu übergangen zu werden.

Auch hier haben wir eine Verfassungsänderung vorbereitet, wo wir gerade den Ländern ein Informationsrecht und unter bestimmten Voraussetzungen ein Mitspracherecht einräumen und wo festgelegt ist, daß auch die Gemeinden in diesem Prozeß zu hören sind. Die Befürchtungen, daß einzelne Gebietskörperschaften ausgeschlossen sind, treffen also nicht mehr zu.

Eine Kritik, die nicht nur von den Grünen, sondern auch allgemein oft zu hören ist, betrifft das Demokratiedefizit der EG. Man delegiert nationale Souveränität an eine Kommission, quasi einen Rat von Ministern, der parlamentarisch vielleicht gerade noch zu kontrollieren ist. Ein Parlament jedoch hat in Brüssel wenig zu gestalten. Dafür soll Österreich Dinge abgeben, die normalerweise vom eigenen Parlament gestaltet werden müßten.

Im weiteren Ausbau der Integration wird es ganz selbstverständlich sein, daß auf nationaler Ebene erreichte parlamentarische Strukturen und Demokratieverhältnisse auf der Integrationsebene nicht eingebüßt werden dürfen. Ein wesentlicher Teil des politischen Gehalts der Weiterentwicklung der Gemeinschaft wird gerade der Abbau dieses parlamentarischen und demokratischen

Defizits sein müssen. Nicht nur weil man sich aus grundsätzlichen Überlegungen dazu bekennt, sondern weil es demokratiepolitisch auf Dauer gar nicht anders geht. Gerade das Mißtrauen gegenüber einer Nach-Maastricht-EG macht es für sie notwendig, ihre demokratischen Institutionen zu stärken.

Manchmal kommt mir der dunkle Gedanke, daß wir vielleicht jetzt einen Nationalstaat abbauen, der zwar viele emotionale und politische Bedeutungen hat, als Machtgebilde in Wirklichkeit aber längst schon durch ganz andere ersetzt ist, nämlich durch die multinationalen Konzerne. Nun schaffen wir in der EG vielleicht bessere Rahmenbedingungen, aber nicht unbedingt für die einzelnen Nationen, die sich beteiligen, sondern vor allem für diese Konzerne, die sich darin bewegen.

Das ist ein wichtiger Aspekt, bei dem die Sozialdemokratie europaweit in mehrfacher Hinsicht gefordert ist. Zum einen tritt sie als Bewegung der Arbeit und der arbeitenden Menschen dafür ein, die großen industriellen Strukturen in Europa nicht nur aufrechtzuerhalten, sondern weiterzuentwickeln. Sozialdemokraten sind keineswegs industrie- und wirtschaftsfeindlich, ganz im Gegenteil. Wir müssen nur dafür sorgen, daß die Industrie, unabhängig von ihrer Größe, menschenfreundlich und ökologisch sinnvoll arbeitet. Deshalb denken wir über neue Modelle der Humanität in der Arbeitswelt, der Mitbestimmung und der Arbeitsplatzsicherung nach. Ich betrachte es im übrigen als eine faszinierende sozialdemokratische Aufgabe, einmal gewonnene Arbeitnehmerrechte gemeinsam auf die internationale

Ebene anzuheben. Daß die Konzentrationseffekte in erster Linie nicht integrationsbedingt, sondern wettbewerbsbedingt sind, um mit Nordamerika und Fernost konkurrenzfähig zu bleiben, macht die daraus resultierenden Gefahren nicht kleiner. Die europäische Integration wird jedenfalls sicher nicht nur eine Integration der Konzerne sein, sondern auch eine der Arbeitnehmer und ihrer Chancen. Sie wird die Chance bieten – erste Ansätze dazu sind in der europäischen Sozialcharta vorhanden –, auch die Interessen der Arbeitnehmer auf übernationaler Ebene zu vertreten.

In einem Interview mit der »Financial Times« haben Sie im Zusammenhang mit der EG und Osteuropa gesagt, es gehe schlicht um eine Umverteilung des Reichtums der Nationen. Es stehe nicht nur an, Flüchtlinge aus diesen Ländern aufzunehmen, sondern auch, in diesen Ländern Hilfe zu leisten. Eine solche Forderung nach Umverteilung heißt aber: Wir Österreicher müssen mitzahlen.

Nicht nur wir Österreicher, alle wohlhabenden Staaten des Westens müssen rasch und effizient in die Aufbauarbeit im Osten einbezogen werden. Hier sind wirklich koordinierte internationale Mechanismen noch nicht vorhanden. Österreich ist in der Fortentwicklung seiner Kooperation mit diesen Staaten zu Umverteilungsschritten bereit. So haben wir etwa staatliche Haftungsinstrumente entwickelt, mit denen wir die österreichischen Investoren und Exporteure auf ihrem Weg in diese Aufbaumärkte begleiten. Das heißt, wir haben uns bereit erklärt, in Österreich erwirtschaftetes Vermögen einzusetzen.

In welchem Ausmaß?

Österreich hat einen sogenannten Ost-West-Fonds etabliert, der für diese Zwecke mit einem Haftungsrahmen von 5 Milliarden Schilling ausgestattet ist, der bei Bedarf auch verdoppelt werden kann. Daneben gibt es einen Öko-Fonds für dringend notwendige Umweltinvestitionen in den Nachbarstaaten, denn wir können nicht einerseits eine Reduktion der grenzüberschreitenden Umweltemissionen verlangen und andererseits diese Investitionen den nationalen Volkswirtschaften allein überlassen. Neben geförderten Krediten wurde im Bundeskanzleramt ein Rahmen von 2 Milliarden Schilling für Soforthilfemaßnahmen bei Katastrophen eingerichtet, und das Finanzministerium beteiligt sich am Aufbau von Währungsreserven in den östlichen Nachbarstaaten. Diese Aktivitäten, mit denen Österreich den Wiederaufbau der östlichen Volkswirtschaften unterstützt, sind insofern Umverteilung, als es sich um Steuermittel handelt. Das heißt also, die Bewohner unserer Republik leisten nicht unerhebliche Beiträge.

Kritiker sagen, schlimmer als der fehlende Kapitaltransfer in die Ostländer sei, daß es keine Konzeption für sie gibt. Hätten Sie eine vorzuschlagen?

Einfache Rezepte gibt es natürlich keine. Der Kapitaltransfer ist nur eine von vielen Möglichkeiten. Die einseitige Konzentration auf das Rollen des Geldes ist sicher falsch. Die Westeuropäer, darunter klarerweise Österreich, sind aufgerufen, intelligente Formen der Zusammenarbeit zu entwickeln. Die geographische Nähe und die historische Verbundenheit übertragen uns besondere Verantwortung, die wir besser geeignet sind wahrzunehmen als Amerikaner oder Japaner. Wir sollten humanitäre Hilfsleistungen durch einen Wissenstransfer ergänzen, indem wir uns bereit erklären, Verfahren, die in Österreich entwickelt wurden und gut funktionieren, osteuropäischen Staaten zugänglich zu machen. Wir sollten Know-how transferieren, indem wir Teams entsenden, die an Ort und Stelle bestimmte technische und Organisationsstrukturen entwickeln. Das muß ja nicht ausschließlich hochkarätiges Ingenieurwissen sein. Auch Verwaltungswissen ist gefragt. Etwa bei der Organisation von Gebühreneinhebungen oder bei der Ausbildung von Steuerbeamten oder bei Errichtung von Arbeitsmarktverwaltungen, um ganz konkrete Beispiele zu nennen. Darauf sind die Reformstaaten nicht vorbereitet, hier bedarf es wirklich der Anstrengungen Westeuropas.

Sind das nur Ideen, oder gibt es tatsächlich österreichische Vorzeige-Projekte?

Diese von mir aufgezählten Maßnahmen sind konkrete österreichische Aktivitäten zur Verbesserung der wirtschaftlichen Infrastruktur. Wir bieten darüber hinaus unzählige Seminar- und Ausbildungsveranstaltungen an, von denen auch Gebrauch gemacht wird. Das wird aber noch nicht der Weisheit allerletzter Schluß sein. Man wird wahrscheinlich Entsendungen von ganzen Teams forcieren müssen, die für eine bestimmte Zeit an Ort und Stelle bleiben, um Infrastrukturprojekte aufzubauen und sie dann auch mit den zukünftigen Betreibern zu führen. Was im übrigen ja ebenfalls ein wesentliches Beispiel von Umverteilung wäre. An solche Leute kommt man nur heran, wenn man ihnen eine ansprechende Entschädigung anbietet, was sicher nicht billig sein wird.

Viel Zeit bleibt allerdings nicht mehr, um international solche und ähnliche Maßnahmen vorzubereiten. Zum gegenwärtigen Zeitpunkt ist bereits Gefahr in Verzug.

Was tut Österreich, um auf diese Lage hinzuweisen?

Österreich ist beim Internationalen Währungsfonds, bei der Weltbank und anderen regionalen Entwicklungsbanken initiativ geworden, um die Aufnahme einiger Staaten zu betreiben. Ich erwähne ČSFR, Kasachstan und Weißrußland. Österreich hat sich an den internationalen Finanzoperationen, gemessen an der Größe seiner Volkswirtschaft, überdurchschnittlich beteiligt. Der Anteil Österreichs an der Finanzhilfe der OECD für die osteuropäischen Staaten beläuft sich auf 3,4% der zu schließenden Finanzierungslücke, während unser Anteil am OECD-Bruttoinlandsprodukt nur ca. 1% beträgt. Er ist also dreimal so hoch, wie es unserer Wirtschaftskraft entspricht.

Manche österreichischen Politiker haben 1989 die Hoffnung auf ein sozialdemokratisches Zeitalter im Osten Europas geäußert. Das erwies sich doch als sehr verfrüht. Insgesamt haben sich europaweit, was das Engagement im Osten betrifft, die Konservativen mehr hervorgetan als die Sozialdemokratie. Auch in Österreich hat sich lange vor den Sozialdemokraten der Parteichef der ÖVP, Erhard Busek, in Mittel- und Osteuropa mit Oppositionellen getroffen.

Dem ist grundsätzlich entgegenzuhalten, daß Sozialdemokraten in der Zeit, in der es noch sogenannte Volksdemokratien gab, bei den jeweiligen kommunistischen Parteien weniger gern gesehen waren, als Vertreter konservativer Parteien. Die kommunistischen Parteien haben die Sozialdemokraten als Rechtsabweichler kategorisiert und daher eine bestimmte Präferenz für konservative Parteien entwickelt. Franz-Josef Strauß ist ein gerngesehener Gast in osteuropäischen Hauptstädten gewesen. Sozialdemokraten waren schon aus ihrem Selbstverständnis heraus stets erbitterte Gegner der Kommunisten. Gerade die österreichische Sozialdemokratie hat nie den geringsten Zweifel daran gelassen, daß und wie sehr sie den Kommunismus ablehnt, was etwa in der »Eisenstädter Erklärung« vom 2. Oktober 1969 klar festgehalten wurde. Dennoch ist nach dem Zusammenbruch der Volksdemokratien in Osteuropa alles Sozialistische und Sozialdemokratische mit dem kommunistischen System assoziiert worden. Ich sage immer, daß ein bißchen mehr Sozialismus dem Kommunismus gutgetan hätte, aber man muß zur Kenntnis nehmen, daß politische Initiativen für sozialdemokratische Parteien in ehemals kommunistischen Staaten heute sehr schwierig sind.

Viele ehemalige Kommunisten nennen sich jetzt einfach Sozialisten oder Sozialdemokraten. Etikettenschwindel oder nicht, es geht um sozialdemokratische Politikinhalte. Ich denke dabei an die dringenden Probleme der materiellen Infrastruktur, an das Gesundheitswesen, an das Bildungswesen, an den Umweltbereich, an die Arbeitsplatzschaffung und -sicherung, an Einkommensgerechtigkeit, alles Themen, deren sich nicht allein der freie Markt, wie das vielfach gefordert wird, annehmen und die dieser schon gar nicht lösen kann. Ich gebe also jenen recht, die die Sozialdemokratie auch und gerade in Osteuropa vor großen Aufgaben sehen.

Es ist Ihnen und auch der SPÖ vorgeworfen worden, daß Sie zu sehr Kontakt mit Regimeexponenten und zu wenig Kontakt mit Dissidenten im Osten hatten.

Die österreichische Sozialdemokratie hat seit nunmehr 22 Jahren den Bundeskanzler gestellt. Es ist naheliegend, daß sie als Regierungspartei mit offiziellen Regierungsvertretern Kontakt hatte, während die ÖVP, die über 16 Jahre in Opposition war, naturgemäß auch mit Oppositionellen Kontakt hatte. Aber so einfach war das Bild natürlich nicht. Die Sozialdemokraten hatten ihre Beziehungen zu Freunden und Kollegen in der Opposition Osteuropas, denen sie in den schwierigen Zeiten auch beistanden. Einen Besuch des damaligen Ministerpräsidenten der ČSSR, Adamec, im Jahre 1989 habe ich auch dafür benützt, mich für die Freilassung Vaclav Havels einzusetzen, die dann auch tatsächlich erfolgt ist. Bruno Kreiskys Politik war eine der treibenden Kräfte für das Zustandekommen des KSZE-Prozesses. Er hat unzählige Interventionen in Menschenrechtsangelegenheiten vorgenommen. Andererseits waren gerade konservative Repräsentanten des österreichischen Wirtschaftslebens interessiert, Kontakte mit den kommunistischen Regierungen aufrechtzuerhalten. Auch wenn konservative Politiker immer wieder ausriefen: »Der Sozialismus ist tot!«, muß doch festgehalten werden, daß die Konservativen den kleinsten Anlaß hatten, sich als Kontributoren zu diesem Tod feiern zu lassen. Sie haben die Achse der österreichischen Wirtschaft zu den kommunistischen Machthabern dieser Welt über Jahrzehnte aufrechterhalten. Daß der Kommunismus tot ist, dazu haben am meisten die Kommunisten selber und am wenigsten die europäischen Konservativen beigetragen.

Wenn die Modernisierung der ehemals kommunistischen Staaten erfolgreich sein will, muß sie wohl eine doppelte Modernisierung sein, also gleichzeitig eine ökologische und eine industrielle. Das wird nicht einfach sein, denn auch die westeuropäischen Gesellschaften müssen sich mitverändern und auf einiges verzichten, um diese Entwicklung möglich zu machen. Ein typisches Beispiel dafür sind Atomkraftwerke.

Einerseits werfen wir den osteuropäischen Staaten vor, daß sie mit ihren kalorischen Kraftwerken die Luft verpesten, andererseits sind wir – gerade nach Tschernobyl – ablehnend gegenüber Atomkraftwerken. Die Verantwortlichen für die Energiepolitik in den osteuropäischen Reformstaaten haben aber oft keine andere Möglichkeit. Sie hängen manchmal tatsächlich noch dem Glauben an, Atomkraft sei die sauberere, die bessere Energie, weil sie die Umwelt nicht belaste. In diesem Glauben werden sie bestärkt durch westliche Lieferanten von Atomkraftwerken und von westlichen Firmen, die Angebote zur Reparatur der unsicheren Kernkraftwerke unterbreiten. Womit sie indirekt bestätigen, daß diese Meiler längst abgestellt gehörten.

Hat Österreich Ihrer Meinung nach genug aus seiner Rolle als atomkraftfreies Land gemacht?

Auch wenn die Volksabstimmung vom 5. November 1978 zu einem guten Teil aus parteitaktischen Gründen eine Mehrheit gegen die friedliche Nutzung der Kernkraft gebracht hat, ist diese Haltung heute national und international unbestritten. Österreichs Haltung hatte sicher Signalwirkung und wurde spätestens mit dem furchtbaren Unglück von Tschernobyl bestätigt. Ich bin nun seit mehreren Jahren für ein AKW-freies Mitteleuropa unterwegs. Dabei helfen und applaudieren mir zwar viele Österreicher, aber noch immer gibt es genug ausländische Freunde, die meine Bemühungen belächeln. Mich hat etwa einmal ein hochrangiger tschechoslowakischer Politiker bei einem Mittagessen unter vier Augen nach meinem »Antiatomtick« befragt. Wie man so ein Hobby haben könne? Wir Österreicher sind in Wirklichkeit die einzigen, die eine Wissenschafterkommission, die ich vor zwei Jahren eingerichtet habe, in andere Länder schicken, um den Zustand von Atomkraftwerken zu überprüfen. Das ist keineswegs selbstverständlich. Man möge sich einmal überlegen, wie wir reagieren würden, wenn aus der Tschechoslowakei eine Kommission käme, um bei uns Kraftwerke zu untersuchen. Sie sehen also, daß wir in der praktischen Politikumsetzung ökologisch orientierte Inhalte längst berücksichtigen.

Wie sähe eine richtige und faire Kooperation mit den Reformstaaten aus?

Im Umgang mit den Reformstaaten muß man immer sehr feine Trennlinien ziehen zwischen entschlossen vorgetragenen Kooperationsofferten auf der einen und Zwangsbeglückungen auf der anderen Seite. Die Kooperation sollte aber nicht nur in quantitativer Hinsicht, sondern vor allem in qualitativer Hinsicht ausgebaut werden.

Bereits in der Vorstufe der industriellen oder energiepolitischen Zusammenarbeit sind die Energieerzeugung und das Energiesparen in die industrielle Kooperation einzubringen. Mit der Kontaktnahme und dem Angebot, eine bestimmte Fabrik zu bauen, sollte bereits das Offert, energiesparende Techniken einzubringen, parallel laufen.

Gerade im Fall des grenznahen Donau-Großwasserkraftwerks Gabčikovo-Nagymaros hat sich Österreich zurückgezogen, und anschließend kam, pikanterweise durch den ehemaligen österreichischen Finanzminister und Vizekanzler Hannes Androsch, von privater österreichischer Seite das Angebot, Gabčikovo doch zu finanzieren.

Wir sind dabei mit einer im internationalen Wirtschaftsverkehr absolut ungewöhnlichen Situation konfrontiert gewesen. Die österreichische Seite hatte einen Vertrag mit der Kraftwerksorganisation der damaligen ungarischen Regierung abgeschlossen. Nach dem Regimewechsel wurde im neugewählten Parlament über diesen Vertrag, der noch vom alten Regime abgeschlossen worden war, abgestimmt. Es erfolgte eine Ablehnung, wobei die österreichische Seite sich damals trotzdem nicht auf den legitimen Standpunkt gestellt hat, geschlossene Verträge seien einzuhalten. Ich habe den Ungarn vielmehr ein Verhandlungsangebot gemacht, wie beide Seiten unter der bestmöglichen Wahrung der gegenseitigen Interessen aus dieser vertraglichen Situation herauskommen. Schließlich wurde ein Vertrag abgeschlossen, der sicherlich nicht das brachte, was man ursprünglich kraftwerkstechnisch und energiepolitisch angestrebt hatte, dafür aber den Beziehungen der beiden Länder zuträglich war. Die Ungarn hatten sich aus Gründen des Naturschutzes gegen Nagymaros ausgesprochen, vor allem aber war es ein Symbolprojekt des vergangenen Regimes. Man wollte sich offensichtlich mit der Verabschiedung von diesem Projekt gleichzeitig nochmals vom Regime verabschieden. In der Slowakei war das anders, dort hielt man auch am Projekt fest, das als Gemeinschaftskraftwerk mit Ungarn konzipiert war, ohne daß es eine ähnliche Konstruktion mit Österreich gegeben hätte. In der Frage, ob sich Österreich auf die Seite der Kraftwerksgegner oder der Kraftwerksbefürworter stellen solle, habe ich es für richtig befunden, eine vollkommen neutrale Haltung einzunehmen und zusätzlich eine Plattform anzubieten, auf der die Konflikte gütlich ausverhandelt werden könnten.

Sie waren ja einigermaßen erbost darüber, als dann über österreichische Banken die Finanzierung von Gabčikovo gemanagt zu werden schien.

Das waren private Geschäftsvorgänge. Ich habe vom ungarischen Ministerpräsidenten Antall einen Brief bekommen, in dem er sich einigermaßen erstaunt zeigte, daß den Slowaken die Finanzierung für ein Kraftwerk, welches die Ungarn ablehnen, aus Österreich zur Verfügung gestellt wird. Soweit ich weiß, kam diese Finanzierung aber ohnehin nicht zustande, und zwar deshalb, weil keine österreichische Bank Interesse und Absicht hatte, sich daran zu beteiligen.

Osteuropa steht vor großen wirtschaftlichen Schwierigkeiten, aber auch die Nationalitätenkonflikte bergen gefährlichen Sprengstoff in sich. Was kann Österreich für eine Rolle in den politischen, in den kriegerischen Konflikten der nachkommunistischen Ära in Osteuropa spielen? Was Österreich auf dem Balkan unternommen hat, ist weder dort noch in Europa sehr fruchtbar aufgenommen worden. Oder würden Sie das anders beurteilen?

Wir müssen in diesem Zusammenhang unterscheiden zwischen verschiedenen Einzelinitiativen und dem, was abgesprochene Regierungspolitik war und ist. Die Politik der österreichischen Bundesregierung, für die manchmal ein gemeinsamer Standpunkt erst erkämpft werden mußte, hat zu einem sehr frühen Zeitpunkt auf die enormen potentiellen Gefahren hingewiesen. Wir haben immer wieder versucht, auf die Notwendigkeit einer einheitlichen westlichen Haltung zu drängen, fanden aber anfangs nicht wirklich Gehör. Wir haben uns auch zum Selbstbestimmungsrecht der Völker bekannt, wobei ich bereits anläßlich eines Vortrages in Budapest 1991 darauf hingewiesen habe, daß die Ausübung des Selbstbestimmungsrechts der Völker nicht dazu führen darf, daß andere Menschenrechte mit Füßen getreten werden. Ich bin damals für diese Haltung kritisiert worden. Vor kurzem habe ich mit umso größerem Interesse einen Essay von György Konrád, dem Präsidenten des Internationalen Pen-Clubs, gelesen, in dem er die Frage stellt, warum die nationale Souveränität ein unantastbares Prinzip sein muß, insbesondere dann, wenn es gegen die nationale Souveränität der anderen verstößt, die im selben Gebiet leben. Europa, so meint Konrád, und ich stimme ihm darin im Gegensatz zu seinen Theorien über Mitteleuopa zu, sollte sich nicht erst dann als Friedensstifter versuchen, wenn das Feuer ausgebrochen und der Tanz bereits in vollem Gange ist.

Lange Zeit ging es um die Frage, ob und wann Slowenien und Kroatien als unabhängige Republiken anerkannt werden sollten. In Österreich wurde diese Diskussion sehr intensiv geführt, vor allem auch darüber, ob Österreich bei der Anerkennung Sloweniens und Kroatiens vorpreschen oder diese im internationalen Verbund vornehmen solle.

Auch die Frage der Anerkennung hat eine Bedeutung erlangt, die ihr gar nicht zugekommen ist. In der Hoffnung, etwas tun zu können, hat man nach Mitteln und Instrumenten gesucht, um einen bewaffneten Konflikt unmöglich zu machen. Heute ist keineswegs sicher, ob nicht gerade das Drängen auf Anerkennung den Konflikt weiter zugespitzt hat, also die Absicht, die mit der Anerkennung verbunden war, nicht zum genauen Gegenteil geführt hat. Ich habe damals ganz strikt die Meinung vertreten und vertrete sie bis heute, daß ein österreichischer Alleingang in der Anerkennungsfrage nicht nur den Bedrängten in Slowenien und Kroatien nicht geholfen hätte, sondern daß Österreich, welches die Staatengemeinschaft immer wieder zu gemeinsamem Vorgehen anregte, dadurch an Ernsthaftigkeit eingebüßt hätte. Damals wurde mir vorgehalten, ich zögerte zu sehr, eine rasche Anerkennung durch Österreich würde schlagartig das Kämpfen beenden. Nun, vor vielen Monaten fand die Anerkennung statt, die Kämpfe sind heftiger als je zuvor. Es wäre mir in der Tat lieber, ich könnte heute sagen, daß ich damals unrecht gehabt habe.

Warum ist es Österreich als neutralem Nachbarstaat nicht gelungen, eine Vermittlerrolle am Balkan zu spielen?

Ich glaube, in der Endabrechnung hat sich die Haltung Österreichs doch eine positive Zensur verdient, wir haben uns in Europa hörbar gemacht und dazu beigetragen, daß man nach einer gewissen Zeit internationale Dinge anders beurteilt hat als am Anfang des jugoslawischen Auflösungsprozesses. Alles in allem hat die österreichische Außenpolitik Kenntnis und Augenmaß bewiesen, als sie sehr früh auf das unvermeidbare Auseinanderbrechen Jugoslawiens und auf die Notwendigkeit hingewiesen hat, dazu eine einheitliche internationale Haltung einzunehmen. Wir haben uns bei Menschenrechtsverletzungen nicht verschwiegen und die internationalen Mechanismen in Gang gesetzt.

Trotzdem ist es angesichts der 50.000 Toten und fast 2 Millionen Vertriebenen, vor allem auch angesichts der offenbaren Unversöhnlichkeit der Bürgerkriegsparteien auf dem Balkan nicht unverständlich, wenn nach einer internationalen Ordnungsmacht gerufen wird. Weder die EG noch die UNO, die KSZE schon gar nicht, hat diese Rolle – aus den verschiedensten Gründen – bisher zu spielen vermocht. Was kann man tun?

Wahrscheinlich müssen alle Aktionen der internationalen Gemeinschaft zum Scheitern verurteilt sein, wenn es bei den involvierten Parteien keine Bereitschaft zu friedlichem Zusammenleben gibt. Die Welt muß andererseits einsehen, daß sich Frieden nicht erzwingen läßt. Dennoch kann sie nicht tatenlos zusehen, wie Aggression und Gewalt unschuldige Opfer fordern und Jahrhunderte alte Kulturgüter vernichten. Die Lösung besteht jedenfalls nicht in einer Eskalation der Gewalt. Vielmehr muß alles getan werden, Gewalt zu deeskalieren. Deshalb müssen die Embargo-Maßnahmen der Vereinten Nationen lückenlos eingehalten werden. Um die in den belagerten Städten eingeschlossene Bevölkerung zu retten, ist die militärische Sicherung der notwendigen Hilfsmaßnahmen durchaus angebracht. Österreich hat angeboten, seine humanitäre Hilfeleistung auch im logistischen Bereich noch zu verstärken, die Teilnahme an einem militärischen Einsatz haben wir als Nachbarland für uns jedoch ausgeschlossen.

Wir werden freilich weiter zu arbeiten haben, denn wenn die Katastrophe im ehemaligen Jugoslawien vielleicht wieder einer friedlichen Entwicklung gewichen sein wird, wird es unter anderem darum gehen, normale Verhältnisse zu allen Völkern des Balkans aufzubauen. Wenn einmal die derzeitigen politischen Machthaber in Serbien abgelöst sein werden, wird für das österreichische Volk und seine Politik keinerlei Veranlassung bestehen, dem serbischen Volk und dessen dann hoffentlich friedlicher Politik gegenüber irgendwelche Animositäten bestehen zu lassen.

Bei der politischen Auseinandersetzung um die Haltung zum nachjugoslawischen Balkan konnte man österreichische Geschichte lernen. Die traditionelle österreichische Serbenfeindlichkeit wurde traditionellerweise von der Sozialdemokratischen Partei nicht geteilt. Auf der anderen Seite hat ein konservativer Nationalratsabgeordneter frühzeitig angeregt, Slowenien solle das zehnte österreichische Bundesland werden.

Es ist tatsächlich so, daß wir in Österreich, was den Balkan betrifft, ein seltsames Gemisch historischer Tiefenströme vorfinden. Wenn ich etwa in einem Interview Otto Habsburgs, des Sohns des letzten österreichischen Kaisers, lese, der einzige Unterschied zwischen Kärnten und Slowenien bestehe in der Sprache, weil die einen Österreicher seien, die slawisch sprechen, und die anderen Österreicher, die deutsch sprechen, kommt darin eine zumindest als eigenwillig zu bezeichnende Auffassung zutage. Aus solchen geschichtlichen Belastungen ergibt sich, daß Zurückhaltung und Augenmaß gute österreichische Wegbegleiter am Balkan sind. Das hat nichts mit Zaudern oder Zögern zu tun. Die Weisheit des Wartens und der Geduld, wie das György Konrád nennt, steht uns gut an. Wenn Traditionen Feindseligkeiten zum Gegenstand haben, dann muß man offensichtlich diese Traditionen kritisch durchleuchten. Politik kann ja nicht darin bestehen, die Gegensätze aufrechtzuerhalten, wenn die Anlässe für diese Gegensätze weggefallen sind. Das wäre Politik als Mißverständnis.

Es gibt sie aber doch, die großen historischen Wirkungslinien. Österreich ist nicht die Schweiz. Folgt aus Österreichs historischer Rolle am Balkan nicht entweder, daß man Österreich dort mit Mißtrauen begegnet, oder daß man, positiv gesehen, Österreich vielleicht neue Möglichkeiten zutraut?

Die eine Voraussetzung des Mißtrauens Österreich gegenüber, nämlich die, eine Großmacht zu sein, ist weggefallen. Wir sollten bei österreichischer Geschichte immer sehr genau differenzieren, von welchen konkreten Geschichtsbeziehungen die Rede ist, weil die heutige Republik Österreich als Staat mit dem österreichischen Kaiserreich, wie es vor 150 Jahren als Staat existierte, nicht ident ist. Eine der größten Errungenschaften, die Österreich als Zweite Republik definieren, ist, daß im 55. Jahr des 20. Jahrhunderts die Zweifel, die Existenzängste und die Bedrohung von außen aufgehört haben. Wenn Sie die neuere Geschichte Österreichs betrachten, wobei es Geschmackssache ist, ob Sie 1835, mit dem Tod Franz' I., anfangen oder im Revolutionsjahr 1848, 1867, im Jahr des Ausgleichs, oder 1907, mit der Einführung des allgemeinen freien Wahlrechts, so ist dieser Staat ununterbrochen gefährdet und gerettet worden, von innen und von außen. Als dann die Amputation nach dem Ersten Weltkrieg erfolgt war, haben sehr viele Landsleute an der Lebensfähigkeit Österreichs gezweifelt, andere wollten eine großdeutsche Lösung, aus Existenzangst, aber auch im Zusammenhang mit politischen Überlegungen. Wie immer war die Kunst ein unbestechlicher Seismograph und hat spätestens seit 1870 für Leute mit offenen Augen und Ohren offengelegt, wohin die Reise geht. Der Brand des Justizpalastes 1927 ist ein Markstein, ebenso die Wirtschaftskrise, die Ausschaltung des Parlaments und die Errichtung einer Ständediktatur 1933 und der Bürgerkrieg 1934. Die Entwicklung der Republik Österreich bis zur Katastrophe des Jahres 1938 gleicht dem Weg eines Schneeballs, der über glühendes Eisen rollt. Viele Exponenten des österreichischen Geisteslebens und Kunstschaffens sind in dieser Zeit, in der Ersten Republik und im Ständestaat zugrunde gegangen, psychisch und physisch. Horváth, Roth und Friedell sind Beispiele dafür. Erst 1955 hat, geometrisch betrachtet, die österreichische Kurve begonnen, in einem überschaubaren Koordinatensystem Fuß zu fassen und berechenbar zu werden. Ich glaube also, daß unsere Miteuropäer auch dank des Generationsfortschritts dieses Österreich heute nicht als die kleinere und deutschsprachige Ausgabe der ehemaligen k. u. k. Monarchie ansehen, sondern als etwas durchaus Eigenständiges. Auch wenn ich Ihnen darin folge, daß Österreich selbstverständlich nicht die Schweiz ist: Die Schweiz hat gegenüber dem heutigen kleinen Österreich den »Vorsprung« gehabt, immer schon klein gewesen zu sein. Österreich hat erst lernen müssen, klein zu sein und trotzdem damit etwas anzufangen. Wir sind alle nur Vorläufer, denn sofern die Welt nicht untergeht, kommt hinter uns immer jemand nach.

Ich denke aber, der Zweiten Republik gegenüber ist Mißtrauen nicht mehr angebracht.

Als politisches Modell haben Sie »Mitteleuropa« in einem Gespräch mit der Hamburger »Zeit« ziemlich schroff abgelehnt.

Von Mitteleuropa als politischer Einheit oder politischem Projekt halte ich gar nichts – noch weniger von einem mythischen Konzept Mitteleuropa. Da spielt zu sehr die Sehnsucht nach einer gar nicht so guten alten Zeit mit. Mitteleuropa ist für mich ein geographischer Begriff, in dessen Rahmen sich bestimmte Kooperationen der Regionen durchaus sinnvoll durchführen lassen, er stellt jedoch keine Alternative zum Projekt der westeuropäischen Integration dar.

Man kommt nicht darum herum, Mitteleuropa im Zusammenhang mit Deutschland zu diskutieren. Die mediterrane, östliche, jüdische Seite Österreichs ist in dem kulminiert, was wir die Kultur der Jahrhundertwende nennen. Auf der anderen Seite gibt es naturgemäß starke Bezüge zu Deutschland, die einerseits zu einer Unheilsachse Österreich-Preußen geführt haben, andererseits auch viele positive Seiten aufweisen. Wie sieht es für ein nach wie vor kleines Österreich in einem Europa mit einem wiedererstarkten Deutschland aus? Ist das österreichische Nationalbewußtsein dafür gefestigt genug?

Während des Finales der Fußballeuropameisterschaft 1992, Deutschland–Dänemark, war ich bei diversen Veranstaltungen in Niederösterreich unterwegs. Ich habe gebeten, man möge mir das Resultat nicht verraten, denn ich hatte mir das Spiel aufgezeichnet und wollte es mir in der Nacht ansehen. Das war natürlich nicht zu machen, wo ich hinkam, haben alle nach dem Spielstand gefragt und auch die Antwort erhalten. Ich habe keinen gesehen, der für Deutschland Partei ergriffen hätte.

Das fußballpatriotische antideutsche Ressentiment erscheint mir oberflächlich. Ich frage mich, ob das nicht etwas zudeckt, etwas, mit dem man nicht fertig geworden ist, vielleicht den Anschluß, der bis heute nicht richtig aufgearbeitet wurde.

Bekanntlich sind ja Österreich und Deutschland »durch dieselbe Sprache getrennt«, und so ist es wohl auch in vielen anderen Bereichen. Dieses Nachbarverhältnis ist so vielschichtig, daß es sich gar nicht verdrängen läßt. Es gibt viele Anknüpfungspunkte, deren wichtigster neben der Sprache wohl eine lange gemeinsame Geschichte voller Konflikte ist. Ich bin aber davon überzeugt, daß heute das Österreichbewußtsein so stark, so selbstverständlich und so tief verankert ist, daß der Österreicher Deutschland mit einer unbelasteten und entspannten inneren Einstellung gegenübertritt.

Wie beurteilt das Nachbarland Österreich die deutsche Einigung?

Die deutsche Einigung kann gar nicht anders als zustimmend beurteilt werden. Welchem Volk wollte man verwehren, eine durch politische Gegebenheiten willkürlich gezogene Grenze durch sein Land zu beseitigen? Es war gerade das Nachbarland Österreich, das durch die Aufnahme vieler Ostdeutscher die Lücken des Eisernen Vorhangs sichtbar und politisch wirksam gemacht hat. Wir haben uns damals mit unseren deutschen Nachbarn gefreut, daß Wirklichkeit wurde, was kaum jemand mehr für möglich gehalten hatte. Sehr bald aber erwuchs die Frage, ob Deutschland nun zu groß, zu mächtig in Europa sei? Um es klar auszusprechen: Manche Leute fragen, ob man sich vor Deutschland fürchten muß? Und wenn sie das fragen, meinen sie in Wirklichkeit: Wieder fürchten? Ich meine, man muß nicht. Man vergißt gelegentlich, daß zu den Völkern, die unter dem Hitler-Regime am meisten zu leiden hatten, die Deutschen selber zählten. Deutsche Juden wurden ermordet oder vertrieben, Deutsche wurden in einen wahnsinnigen Krieg getrieben, sie selber haben Opfer sonder Zahl gebracht. Es waren auch ihre Städte, ihre Kultur, ihre Zivilisation, die in höchstem Maße litten. Heute, bald 50 Jahre nach Ende des Zweiten Weltkriegs, hat niemand ein Recht, den Deutschen abzusprechen, nicht ebenso gute Demokraten, nicht ebenso gute Mitglieder eines pluralistischen Gesellschaftssystems zu sein wie die anderen Völker in Europa. Schließlich haben sich die Deutschen mit großer Akribie und großem Engagement der Europaidee verschrieben. Und zwar nicht nur in der EG, sondern auch in der OECD, in der ECE, in der NATO, im Europarat und in vielen anderen Organisationen. Jedenfalls gehen die Deutschen grenzüberschreitende internationale Zusammenschlüsse mit zahlreichen Bindungen im Interesse eines internationalen Ganzen ein, das dann über das rein nationale Interesse hinausgeht. Auch deshalb ist die deutsche Einheit zu begrüßen.

Die Zeitschrift »Blätter für deutsche und internationale Politik« stellte an 13 Experten die Frage: »Muß die Bundesrepublik in der neuen Situation in der EG die Führungsrolle in Europa übernehmen?« Von diesen 13 Experten antworteten 8 klipp und klar mit »ja«. Da stellt sich doch die Frage, was bedeutet das für Österreich? Mit einer Führungsmacht im Bündnis, die Deutschland heißt, haben wir schon mehrfach schlechte Erfahrungen gemacht.

Ich sagte schon, daß an der demokratischen und europäischen Gesinnung der Deutschen kein Zweifel besteht. Ich sehe auch keinerlei Anhaltspunkte für eine sogenannte Ordnungsmachtthese, wonach Deutschland eine über seine politische, wirtschaftliche und kulturelle Bedeutung hinausgehende Macht ausüben würde oder sollte. Die Frage, die sich stellt, ist doch vielmehr die: Führt uns die europäische Integration insgesamt zu einem postnationalen Zeitalter oder nicht? Zunächst zeigt sich, daß Integration das Streben nach nationaler

Selbstbestimmung und politischer Unabhängigkeit nicht beseitigen darf. Wenn Nationen viel lebenskräftiger und wirkungsmächtiger sind, als man angenommen hatte, und übergeordnete Zusammenschlüsse und das Streben nach nationaler Selbstbestimmung einander objektiv gegenüberstehen, kann der Historiker das beschreiben. Der Politiker aber muß sich eine Frage stellen und eine Wertung vornehmen: Gibt er deswegen, weil die nationale Autonomie ebenfalls für wichtig gehalten wird, den Integrationsgedanken auf? Er darf ihn wohl nicht aufgeben, will er sich nicht damit abfinden, daß weiterhin die Möglichkeiten für einen europäischen Bürgerkrieg gegeben sind. Gilt es, künftig europäische Bürgerkriege zu vermeiden, dann hat die Entscheidung für den übergreifenden Einigungsprozeß auszufallen. Und zwar deshalb, weil die europäische Bevölkerung damit die potentielle Gefahr weiterer europäischer Bürgerkriege gegen die seriöse Chance einer neuen europäischen Friedensordnung tauscht. Mag sein, daß das in Anbetracht der Kämpfe und Streitereien utopisch klingt, aber was, wenn nicht die Utopien, soll uns vorantreiben?

Als eine dieser Utopien im positiven Sinn würden Sie zweifellos das Ziel beschreiben, die Gesellschaft immer wieder nach sozialdemokratischen Grundsätzen zu reformieren. Ist es aber nicht ein bißchen wenig, einen traditionsreichen sozialdemokratischen Ansatz einfach linear europäisch fortzuschreiben? Wird es nicht ein bißchen zuwenig sein, um das, was man so gern kulturelle Hegemonie nennt, zurückzugewinnen?

Das einfache Fortschreiben erfolgreicher Strategien kann sicher nicht unser Ziel sein. Das hat die Sozialdemokratie nie gemacht. Ihre Geschichte ist im wesentlichen auch eine Geschichte von Konflikten, weil sie immer wieder gegen eingefahrene Denkweisen, gegen Überholtes und Verkrustetes aufgetreten ist. Als Regierungsträgerin ist das vielleicht nicht so evident und auch nicht immer ganz so einfach darzustellen. Dennoch muß sich die Sozialdemokratie, will sie auch in Zukunft die Themen bestimmen, europaweit und möglichst geschlossen neuen Herausforderungen stellen. Soeben erleben wir etwas, was der italienische Sozialist Gianni De Michelis »die Explosion eines seit langem veralteten Modells liberaler Demokratie« nennt. Das ursprüngliche bürgerliche Modell der Demokratie kann die dynamische, komplexe Gesellschaft des angehenden 21. Jahrhunderts, ihre anspruchsvolle, vielschichtige Wählerschaft und ihre hochdifferenzierten Interessen nicht mehr zufriedenstellen. Moderne Sozialdemokratie muß also die großen gesellschaftlichen Anliegen thematisieren, sie muß fragen, was Menschen von einer Gesellschaft der Zukunft, die wir heute in ihren Grundzügen gestalten, zuallererst wollen. Es wird ein gewisses Wohlstandsniveau, es wird eine Grundabsicherung in sozialer und gesundheitlicher Hinsicht sein. Es wird die selbstverständliche Forderung nach Zugang zu Bildung und Kultur, es wird zunehmend das Verlangen nach einer intakten Umwelt und auch ein Streben nach Sicherheit in einem umfassenden Sinne sein, das garantieren soll, daß ein erreichtes Wohlstandsniveau nicht wieder gefährdet werden darf. Aus all dem ergibt sich, daß die bloße Weiterverwendung unserer traditionellen Werkzeuge nicht genügt, daß es nicht einfach ausreicht, den alten Wein in neue Schläuche zu schütten. Dazu gehört auch, daß Antworten auf die drängenden Themen der Zeit nicht mehr nur von jeder Partei für sich, sondern in noch stärkerem Maß als bisher von der europäischen Sozialdemokratie und der europäischen Gewerkschaftsbewegung auf internationaler Ebene gefunden werden.

Zum Thema Internationalisierung noch das Stichwort multikulturelle Gesellschaft. Eine bestimmte Fremdenfeindlichkeit läßt sich auch in Österreich feststellen. Darauf scheint die Politik mit restriktiven Maßnahmen, wie etwa einem Asylgesetz, das heftig kritisiert wurde, zu reagieren. Im Ernstfall werden trotz eines restriktiven Asylgesetzes Flüchtlinge aufgenommen. Diese Flüchtlinge kommen dann aber nur bis zur EG-Grenze. Das ist die Praxis.

Aufgrund seiner geographischen Lage findet Österreich sicher keine einfache Situation vor. Wir sind offen für politisch Verfolgte, müssen darüber hinaus aber den Zugang sehr genau kontrollieren. Die Fremdenfeindlichkeit ist in Österreich sicher nicht stärker als anderswo, ich bin sogar davon überzeugt, daß es uns mit einer differenzierten und ausgewogenen Flüchtlings- und Aufnahmepolitik gelungen ist, Auswüchse, wie wir sie in anderen Ländern Europas miterleben müssen, zu verhindern. Daß uns Westeuropa bei der Aufnahme bosnischer Flüchtlinge nicht besonders entlastet, ist eine Tatsache, mit der wir zurechtkommen müssen und auch ganz gut zurechtkommen.

Der europäische Populismus predigt die Auflehnung gegen Europa, sagt der französische Historiker Joseph Rovan. Le Pen macht dezidiert Stimmung gegen Europa, Schönhuber natürlich auch. Der Immigrations-

druck wird noch viel stärker werden, auch in Österreich wird früher oder später der Rechtspopulismus eine Kehrtwendung machen, Europa als den Schuldigen hinstellen und fordern, daß wir unter uns bleiben sollten, denn dann ginge es uns viel besser. Die wirtschaftlichen Vorteile könnten wir mit einer Assoziation auch erreichen.

Mit einer Assoziation könnte man den passiven Veredelungsverkehr für Baumwollhemden ganz gut regeln, mit einer Assoziation oder gar mit dem Rückzug in die Isolation kommt man einer europäischen Friedensordnung nicht näher.

Für eine stabile Friedensordnung bedarf es eines europäischen Sicherheitssystems. Trotz eines weltweit feststellbaren Trends zur Abrüstung bleiben die stehenden Heere im Zeitalter konventioneller Konflikte wichtig. Brauchen wir auch in Österreich ein Heer?

Angesichts noch nicht wirklich kalkulierbarer und nicht wirklich überschaubarer Sicherheitsaspekte braucht auch Österreich ein schlagkräftiges Minimum an Verteidigungsbereitschaft. So manche Gespräche mit Regierungschefs zeigen mir, wie tief die Gräben und wie groß die Unterschiede zwischen den Völkern sind. Während des letzten KSZE-Gipfeltreffens in Helsinki sprach ich mit dem albanischen Ministerpräsidenten über Kooperationsformen zwischen Österreich und Albanien. Dabei stellte sich heraus, daß ein albanischer Arbeiter im Monat soviel verdient wie ein österreichischer Arbeiter an einem Tag. Auf meine Frage, wie der albanische Arbeiter damit leben könne, war die Antwort, daß er dies ohnehin nicht könne. Hunger, Diebstahl, Gewalt seien die Folge. Am selben Abend aus Helsinki zurückgekommen, sah ich Fernsehberichte von grauenhaften Schießereien und Kämpfen in Berg-Karabach. Ich erinnerte mich der Rede Edward Schewardnadses, einst einer der mächtigsten Männer der Welt, die er wenige Stunden zuvor bei der KSZE gehalten hatte: Der Hälfte seiner Leute seien Arbeit, Verkehr, öffentliches Leben und Aufbau vollkommen egal, sagte er, statt dessen hätten sie nur Mord und Totschlag im Kopf. Die täglichen Ausbrüche von Nationalismus, die täglichen Schrekkensbilder aus dem ehemaligen Jugoslawien, all das läßt nur den Schluß zu, daß auch wir unsere Verteidigungsbereitschaft aufrechterhalten müssen. Und zwar mit einem modernen, schlagkräftigen, effizienten Heer, das auf dem Milizsystem aufgebaut und mit einer bestmöglichen Gerätekombination ausgestattet ist, die seinen flexiblen Einsatz ermöglicht.

Sozialdemokratie heute: nicht machtversessen, aber stark für die Schwachen

Sie sind jetzt seit über vier Jahren Vorsitzender der SPÖ und damit Vorsitzender einer der stimmenstärksten und auch mitgliederstärksten Parteien ganz Europas. Seit wann sind Sie eigentlich für die SPÖ tätig, erinnern Sie sich noch an Ihre Erfahrungen, als Sie Mitglied geworden sind? Und haben Sie diese Erfahrungen dazu bewegt, Veränderungen zu versuchen?

Als ich Anfang der 60er Jahre der SPÖ beigetreten bin, war ich zunächst in einer kleinen sozialdemokratischen Betriebsgruppe in der Oesterreichischen Nationalbank tätig, die tatsächlich so klein war, daß sie im verborgenen blühte.

Das waren insgesamt Erlebnisse, die ich sehr angenehm in Erinnerung habe. Es war typische Arbeit in Kleingruppen: viele Sitzungen, viele Beratungen, viele Programmpunkte, viele Hektographierarbeiten, Zettelverteilen und ähnliches. Ich habe das damals so empfunden und erlebt, als würde ich im Kleinen eine Art Pionierarbeit verrichten, und ich habe diese Arbeit der Partei gegenüber recht unkritisch durchgeführt.

Meine Freunde und ich haben viele Tage und zahlreiche Wochenenden damit zugebracht, uns mit politischen Fragen auseinanderzusetzen, Bildungsveranstaltungen zu besuchen, Diskussionsveranstaltungen durchzuführen. In dieser Zeit habe ich jedenfalls nicht sehr intensiv darüber nachgedacht, was in der Partei alles zu ändern und zu verbessern wäre. Eines der Hauptanliegen war zunächst, noch mehr Mitstreiter zu gewinnen, um sozialdemokratische Inhalte an jüngere Leute heranzubringen.

Würden Sie rückblickend sagen, die Art und Weise Ihres damaligen Parteibeitritts und die ersten Erfahrungen wären auch heute für junge Leute attraktiv? Wenn nicht, wie müßte ein solcher Einstieg heute aussehen?

Die Zeiten sind vorbei, in denen junge Leute älteren, erfahreneren Menschen beim Referieren über Angelegenheiten andächtig zuhören, die für sie vielleicht neu, aber nicht unbedingt interessant sind. Will man heute junge Menschen für politische Arbeit gewinnen, muß man vor allem selbst zuhören können. Man sollte also nicht zunächst das anführen, was die Partei für die Jungen Gutes tun kann, sondern die Partei sollte zuhören und aufnehmen, was junge Menschen heute an Erwartungen, Hoffnungen, Perspektiven haben, was sie sich wünschen und was sie bedrückt. Jüngere Leute sind heute in erster Linie über konkrete Projekte anzusprechen.

Die Parteisektionen als kleinste Einheiten sind auf geographischen Prinzipien aufgebaut, haben aber mit dem unmittelbaren Lebensumfeld der dort Versammelten nur mehr wenig zu tun. Würden Sie dieser Bestandsaufnahme beipflichten?

Nein. Im Gegenteil. Die Sektionsarbeit und das Sektionsleben beziehen sich sogar wieder in zunehmendem

Maß auf Themen, die den unmittelbaren Wirkungsbereich der Sektionen betreffen, also auf Wohnen, Verkehr, Ausländerintegration und Umwelt. Diese Entwicklung muß man noch forcieren, das geschieht auch im Zuge der derzeit laufenden Parteireform.

Wer berät Sie bei diesem doch ziemlich umfassenden Vorhaben der Parteireform? Wer ist Ihr Think Tank?

In organisatorischer Hinsicht die unmittelbaren Mitarbeiter in der Partei und in inhaltlicher Hinsicht ebenfalls meine unmittelbaren Mitarbeiter. Ich versuche das sehr lebendig zu gestalten, indem ich auf die Ideen verschiedener Denkkreise und einzelner Gesprächspartner zurückgreife. So gibt es innerhalb der Partei eigene Arbeitsgruppen, die sich mit Zukunftsthemen befassen. Die Zukunfts- und Kulturwerkstätte leistet ebenso wie die Parteiakademie, das Dr. Karl Renner-Institut, viel Vordenkarbeit. Auf internationaler Ebene versuche ich die Erfahrungen anderer Parteien aufzunehmen und auch für unsere Arbeit zu verwerten. In informellen Gesprächsrunden, etwa mit Ingvar Carlsson, Gro Harlem Brundtland, Jacques Delors, Roland Dumas, den Freunden aus der deutschen, italienischen und spanischen Sozialdemokratie. Daneben sind für mich natürlich Auseinandersetzungen mit interessanten Gesprächspartnern anregend, die nicht unbedingt die Parteilinie vertreten oder die mit der Sozialdemokratie gar nichts zu tun haben. Also etwa mit Ralf Dahrendorf, Joseph Huber oder kürzlich auch mit Bischof Erwin Kräutler, von dem ich viel Anschauliches über den Nord-Süd-Konflikt lernen konnte und der mich bei der großen Umweltkonferenz in Rio beraten hat. Aber auch Gespräche mit so unterschiedlichen Persönlichkeiten wie Franz Kreuzer über wissenschaftstheoretische und André Heller über kulturelle Themen eröffnen immer wieder neue Perspektiven.

In der Partei gibt es Kritik an Ihrem inneren Kreis, die besagt, Sie umgäben sich mit sehr treuen, loyalen Leuten, was negativ formuliert heißen könnte: Es fehlt an Querdenkern, an Offenheit und Lebendigkeit.

Jeder Querdenker ist zur Mitarbeit herzlich eingeladen. Daß man von loyalen Leuten umgeben ist, liegt in der Natur der Sache. Ich glaube auch sagen zu können, daß bei mir eher Meinung als Meinungskonformität gefragt ist.

Die österreichischen Intellektuellen haben Sie ja vor allem bei Ihrem Amtsantritt teilweise sehr harsch angefaßt. Das hat nicht so gezündet wie seinerzeit bei Kreisky. Der Schriftsteller Josef Haslinger hat Ihnen damals in seinem Buch »Politik der Gefühle« vorgeworfen, daß die SPÖ vor jenen Mächten kapituliert, die sie ein Jahrhundert lang vergeblich in Zaum zu halten versucht hat. Das war auf Ihre Äußerungen gemünzt, Leistungsorientierung, Effizienz und Modernisierung seien sozialdemokratische Werte.

Ich will gar nicht leugnen, daß mit mir ein nicht ganz selbstverständlicher Typ an die Spitze der Sozialdemokratischen Partei gerückt ist und daß es dagegen einige Vorbehalte gab. Und zwar nicht deswegen, weil ich nicht traditionelle sozialdemokratische Werte vertreten hätte. Ich war zunächst mit einer Etikettierung meiner

Person konfrontiert, weil allein bei der Berufsbezeichnung »Banker« schon etliche Leute die Nase gerümpft haben. Auch die politisch Andersdenkenden haben dieses Etikett sofort aufgegriffen und das zynische Wort vom Nadelstreifsozialisten geprägt. Es war bei vielen Gelegenheiten möglich, darauf hinzuweisen, daß sich vor mir schon andere, und zwar berühmte Sozialdemokraten in ähnliche Textilien gehüllt und dabei einen noch wesentlich bürgerlicheren Habitus gepflegt hatten, als das bei mir der Fall war. In der Zwischenzeit sind etliche Jahre vergangen. Die seinerzeitigen Vorbehalte werden nicht mehr erhoben, und ich pflege mit vielen österreichischen Intellektuellen eine sehr anregende und regelmäßige Gesprächsbasis. Auch mit Josef Haslinger, den ich sehr schätze – ich war kürzlich bei der Präsentation seines jüngsten Buches anwesend. Im übrigen scheint es mir auch heute noch notwendig, über Leistung und über Effizienz zu reden, damit die Sozialdemokratie sich den Leistungsbegriff nicht von den Konservativen wegnehmen läßt. Ich war nie damit einverstanden, daß Hunderttausende Arbeiter und Angestellte, die tagein, tagaus große Leistungen vollbringen, von manchen als Leute abgestempelt werden, die mit Leistung nichts anfangen können, oder sogar als leistungsfeindlich hingestellt werden.

Sie haben vorher auf Kreisky angespielt, der damals Ihnen gegenüber ebenfalls eine sehr kritische Haltung eingenommen hat. Er hat sogar gesagt, Vranitzky erfülle die Wünsche der Bankdirektoren und die Arbeiter würden dafür teuer bezahlen müssen. Wie hat sich Ihr Verhältnis zu Bruno Kreisky später weiterentwickelt, und wie sehen Sie Kreisky heute?

Mein persönliches Verhältnis zu Bruno Kreisky ist verschiedenen Schwankungen unterlegen. Kreisky hat mir gegenüber immer Sympathien entwickelt, ehe mich sein Nachfolger als Bundeskanzler, Fred Sinowatz, in die Regierung berufen hat. Damals kam es zu einer gewissen Distanz, und zwar deshalb, weil er nicht damit einverstanden war, daß der von ihm ursprünglich als Nachfolger von Finanzminister Androsch geholte Herbert Salcher seinen Platz für mich räumen mußte. Als ich 1986 selbst Bundeskanzler wurde, ist die Wertschätzungskurve wieder nach oben gegangen. Sie erfuhr allerdings einen Einbruch, als wir im Zuge der Regierungsverhandlungen vor der Großen Koalition dem damaligen ÖVP-Obmann Mock das Außenministerium übertrugen. Das hat Kreisky überhaupt nicht gepaßt, er hat darauf sehr heftig reagiert.

Würden Sie diesen Verlust des Außenministeriums an den Koalitionspartner auch aus heutiger Sicht als Fehler bezeichnen?

Wir hatten damals einfach nicht sehr viel Verhandlungsspielraum. Anders als heute war die SPÖ 1986 nur sehr knapp stimmenstärkste Partei geworden. Die SPÖ wollte keines der Schlüsselressorts aufgeben, während sich gleichzeitig die ÖVP und ihr Obmann auf das Außenministerium konzentrierten. Vielleicht wäre es anders gekommen, hätte es nicht jene Äußerungen aus unseren eigenen Reihen gegeben, die darauf abzielten, das Außenministerium keinesfalls der ÖVP zu übertragen. Das war taktisch nicht sehr klug.

Wie entwickelte sich Ihr Verhältnis zu Bruno Kreisky weiter?

Erst zwei oder drei Jahre später fanden wir wieder zueinander, genauer gesagt, wir wurden von Freunden zueinander geführt. Ab da hat sich unser Verhältnis eigentlich nicht mehr bloß verbessert, es ist bis zu seinem Ableben ein sehr gutes geworden. Wenige Wochen vor seinem Tod, bei einem der langen Gespräche in seinem Haus in der Wiener Armbrustergasse, hat er noch einmal alles zusammengefaßt, was ihn in seinem Leben bewegt und interessiert hat. Ich glaube daher, einer derer zu sein, die am besten wissen, was Kreisky gegen Schluß seines Lebens gedacht und gewollt hat. Nicht zuletzt auch deshalb habe ich mit einigen Freunden vor kurzem das Kreisky-Forum für internationalen Dialog ins Leben gerufen, das die Fortsetzung des von Kreisky immer gepflogenen Gesprächs- und Gedankenaustausches über alle Landes- und Geistesgrenzen hinweg ermöglichen soll.

Können Sie sein Wissen und seine Erfahrung für die Parteireform fruchtbar machen? Gibt es ein Erbe Bruno Kreiskys?

Bruno Kreisky hat wie ich die Modernisierung Österreichs auf seine Fahnen geschrieben, unter seiner Führung ist es erstmals zu einer wirklichen Öffnung und Neuausrichtung Österreichs gekommen. Er hat sich positiv zur modernen Industriegesellschaft gestellt, wobei er der Arbeitgeberseite bei der Durchsetzung von Arbeitnehmerinteressen einen nicht unwichtigen gesellschaftlichen Stellenwert zumaß. Weiter aufrecht bleibt auch seine Aufforderung zum politischen Dialog, der mit zivilen Methoden zu führen ist. Und ich nehme als Vermächtnis Bruno Kreiskys mit, daß sich die Partei den Gedanken und Ideen anderer, die von außen kommen, nicht verschließen darf. Ich glaube, es gibt sehr viele Elemente im Denken und Handeln Bruno Kreiskys, die heute nachwirken und von denen wir noch einiges lernen können.

Was können andere sozialdemokratische Parteien Europas von der SPÖ lernen, und was kann umgekehrt die österreichische Sozialdemokratie von diesen anderen Parteien lernen?

Es gibt keine Rezepte, die sich einfach übertragen lassen. Die Sozialdemokratie steht in allen westeuropäischen Staaten im großen und ganzen vor den gleichen Aufgaben, wobei sich Unterschiede und Abweichungen von regionalen und lokalen Gegebenheiten ableiten lassen. Anders als in den 70er Jahren ist kein linksliberaler Rückenwind zu verspüren, im Gegenteil, die Sozialdemokratie muß sich allgemein einem zunehmenden Rechtspopulismus entgegensetzen. Dazu kommt, daß die Jahre, in denen man glaubte, uneingeschränkt zusätzliche Leistungen aus dem Budgettopf finanzieren zu können, vorbei sind. Außerdem leben wir nicht in einem Zeitalter, in dem die Menschen von den der Vergangenheit entstammenden großen, in sich geschlossenen Ideologiegebäuden eingenommen sind. Aus all dem ergibt sich, daß die Sozialdemokratie gleichzeitig sachlich gute, pragmatische und doch grundsatztreue Politik betreiben muß. In Österreich steht sie für eine gute, effiziente, soziale und leistungsorientierte Regierung und

Verwaltung. Letztlich braucht sie immer wieder die Kraft zur Erneuerung, um jene Themen zu erkennen, denen es sich zu widmen gilt. Unumgänglich erscheint mir dafür, die Mehrheitsfähigkeit abzusichern, und zwar nicht, wie uns jetzt politische Gegner vorwerfen würden, weil wir uns von den sogenannten Hebeln der Macht nicht trennen können, sondern weil sich immer wieder herausstellt, daß man in der Opposition seine Ziele zuwenig oder gar nicht verwirklichen kann.

Die SPÖ hat sich von 1966 bis 1970 in der Opposition regeneriert. Danach hat sie sogar die absolute Mehrheit errungen. In seiner Autobiographie schreibt Kreisky das nicht zuletzt dieser Regenerierungsphase zu, er sagt sogar, endlich habe man sich befreien und inhaltlich agieren können. Es sei eine Lust gewesen, Politiker zu sein.

Dem ist nichts entgegenzuhalten, aber doch etwas hinzuzufügen. Solche Überlegungen können nicht losgelöst vom politischen Umfeld angestellt werden. Die Österreichische Volkspartei, die 1966 die absolute Mehrheit errang, hat ganz offensichtlich die Ursachen dieser absoluten Mehrheit fehlinterpretiert. Sie hatte unterschätzt, daß diese absolute Mehrheit nicht zuletzt aufgrund der sogenannten Olah-Affäre in der SPÖ zustande gekommen war, die mit dem Rücktritt des mächtigen Innenministers endete. In der Zeit zwischen 1966 und 1970 legte die ÖVP den Grundstein für eine über lange Zeit nicht enden wollende Personalmisere und Personaldiskussion. In der Zeit seit 1970 gab es nicht weniger als sechs verschiedene ÖVP-Parteiobmänner sowie eine kontinuierliche Diskussion über sie und andere Personalentscheidungen. Ich erinnere nur an die nicht ganz unpeinliche Episode, als Hermann Withalm zum Präsidentschaftskandidaten gekürt wurde, schon Plakate gedruckt waren und man sich doch für einen anderen Kandidaten, nämlich den Innsbrucker Bürgermeister Lugger entschied. Noch in der Opposition hat sich die SPÖ unter der Führung Bruno Kreiskys mit der Erarbeitung eines neuen Wirtschaftsprogramms und mit der Mobilisierung der nun schon legendären 1400 Experten konsolidiert. Dieser historische Ertüchtigungsprozeß hat dann zu dreizehn Jahren sozialistischer Alleinregierung geführt. Dennoch zeigt sich, daß es im europäischen Umfeld den sozialdemokratischen Parteien schon seit Jahren nicht gelingt, sich in der Opposition so zu regenerieren, daß sie wieder Regierungs- oder sogar Mehrheitsfähigkeit erreichen. Deutschland und England sind Beispiele.

Insgesamt war die Lage der Partei gewiß schon rosiger als heute. Kernschichten bröckeln, Politikverdrossenheit und Parteienschelte sind en vogue.

In Ihrer Frage ist ja schon angedeutet, daß Parteienkritik auch eine gewisse Modeerscheinung ist. Ich nehme sie aber durchaus ernst, weil sich gerade demokratische Parteien immer wieder nach der Legitimität ihres Tuns fragen müssen. Was sind Gründe für diese Kritik? Zum einen werden die Staatsbürger aufgrund der allgemeinen Individualisierung auch den Parteien gegenüber kritischer, selbstbewußter und anspruchsvoller. Das erfordert für die Partei, ihre Mitarbeiter und Funktionäre offene Diskussion und die Bereitschaft, sich auf ein schwieriger gewordenes Gespräch einzulassen. So manche Funktionäre in der Partei sind aber noch gar nicht bereit, sich mit unorthodoxen Meinungen auseinanderzusetzen oder sie gar aufzunehmen. Die Menschen gehen dann zu den Parteien auf Distanz. Dazu kommt, daß im Wohlfahrtsstaat, insbesondere dann, wenn eine Partei über lange Perioden tonangebend ist, alle öffentlichen Einrichtungen mit dieser Mehrheitspartei identifiziert werden. Kritik an diesen öffentlichen Einrichtungen wird damit auch zur Kritik an der Partei. Also sind beispielsweise in Österreich für die Verstaatlichte Industrie, die Bahn oder die Sozialversicherung »die Roten« verantwortlich, ob das jetzt im Einzelfall tatsächlich zutrifft oder nicht. Und schließlich sind viele Interessenvertretungen in Österreich als Selbstverwaltungskörper organisiert. In diesen Kammern besteht in nicht wenigen Fällen Personalidentität zwischen den politischen und standesberuflichen Repräsentanten. Funktionen, die für den Staatsbürger oft schwer auseinanderzuhalten sind, weil er nicht mehr zwischen der Zugehörigkeit zu Partei, Kammer, Innung, Gewerkschaft und Pensionsversicherungsanstalt unterscheiden kann. Auf diese Weise tritt dem Staatsbürger ein institutionelles Gemisch aus Politik und Verwaltung gegenüber, das in seinem Blick bürokratisch und anonym erscheint. Auch das trägt zur Parteienverdrossenheit bei.

Was Sie beschreiben, ist ja Teil der österreichischen Realverfassung und hat bekanntlich zu viel Mißbrauch Anlaß gegeben. Wie wollen Sie das ändern?

Um den Mißbrauch der Vielfachfunktionen zu beenden, habe ich für meine Partei in einem sogenannten Vier-Punkte-Programm klare Richtlinien vorgegeben.

Danach darf jeder Funktionär nur eine bezahlte politische Funktion ausüben. Damit ist – zumindest in der SPÖ – eine personenbezogene Entflechtung gewährleistet. Daneben muß es uns aber auch gelingen, eine institutionenbezogene Entflechtung, eine Art Ent-Anonymisierung durchzuführen. Nehmen wir etwa die Institutionen der Sozialversicherung, also Pensionsversicherungsanstalten und Krankenkassen. Sie sind nichts anderes als institutionelle Erfüllungen alter sozialdemokratischer Forderungen nach gesetzlicher Altersversorgung und gesetzlicher Krankenversicherung. Nun dürfen diese Institutionen dem Staatsbürger ihre eigene Existenz aber nicht als gesetzliche und real existierende Selbstverständlichkeit so präsentieren, als müßten sie um ihn nicht mehr werben. Durch Leistung, Bürgernähe und Effizienz sollen sie ihren Stellenwert in der Gesellschaft täglich neu beweisen.

Die gängige Parteienschelte gründet aber darauf, daß die Institutionen und Verbände von den Parteien kontrolliert werden. Dadurch können die Parteien Posten vermitteln, aus dieser Möglichkeit beziehen sie einen Teil ihrer Attraktivität und ihrer politischen Macht.

Das Bild, das Sie hier skizziert haben, mag bis vor nicht allzu langer Zeit die Wirklichkeit wiedergegeben haben. Ich bemühe mich jedenfalls, die sogenannte Parteibuchwirtschaft zurückzudrängen, wo es geht. Wir haben einen Trend zu mehr Objektivierung eingeleitet, der sicherlich noch intensiviert und fortgesetzt werden muß. In dem Maß, in dem die Berufe ausbildungsintensiver und ausbildungsabhängiger werden, in dem Maß, in dem immer stärkere Nachfrage nach qualifiziertem

Personal besteht, sodaß man sich gar nicht aussuchen kann, ob man nur einen »Roten« oder nur einen »Schwarzen« nimmt, wird sich das Problem von selbst erledigen. Es wird aber auch unsere Aufgabe sein, die Führungskräfte, die Generaldirektoren und die Direktoren, von dem Denken wegzubringen, daß in ein rotes Kästchen nur ein »Roter« und in ein schwarzes nur ein »Schwarzer« hineinkommt. Es muß einfach Gebot sein, daß jemand, der einer bestimmten politischen Partei angehört, rein deswegen keinen Vorsprung in der Karrierechance hat gegenüber dem, der keiner Partei angehört. Genauso ist aber sofort hinzuzufügen, daß der, der sich zu einer politischen Anschauung bekennt, daraus keinen Nachteil haben darf.

Das wird allerdings in einigen großen Bereichen der österreichischen Gesellschaft schwer durchzusetzen sein, wenn wir etwa die Beamtenschaft oder die ÖBB nehmen. Ganz unabhängig davon, welcher Partei das Feld zugehört, Sie wissen ja, wie tief durchflutet diese Bereiche von der Parteibuchwirtschaft sind. Hier wird sich nicht leicht etwas ändern lassen. Glauben Sie nicht, daß es einerseits eine Überlebensfrage für die großen Parteien ist, dies zu bewerkstelligen, und andererseits aber gerade eine Gefährdung dieser Parteien darstellt, die damit ihre eigenen Kernschichten vergrämen?

Diese Risiken sind gegeben. Man muß sie aber eingehen. Ich selbst habe in dem von mir zu verwaltenden Ressort, dem Bundeskanzleramt, verfügt, daß Leitungspositionen nur noch auf Zeit und nur nach Leistungskriterien vergeben werden. Ich habe mich auch für parteienunabhängige Kandidaten bei der Besetzung des

Rechnungshofpräsidenten und bei der Besetzung des Präsidenten der Oesterreichischen Nationalbank eingesetzt. Leider bin ich damit beim Koalitionspartner nicht durchgedrungen, weil sich, im Gegensatz zu manchen Äußerungen, das parteipolitische Denken schließlich doch durchgesetzt hat. Ich habe das besonders bedauert, weil gerade die Besetzung so wichtiger Positionen im öffentlichen Bereich eine Signalwirkung hätte haben können, die Parteibuchwirtschaft auch in den mittleren Rängen zu bekämpfen. Umgekehrt sollte man das Problem auch politisch offensiver angehen. Wenn sich eine große Zahl von Bediensteten in einer Institution zu einer politischen Partei bekennt, so ist das, um beim Beispiel der ÖBB zu bleiben, eine Chance, mit einer offensiven, konstruktiven Verkehrspolitik dafür zu sorgen, daß aus dem Bekenntnis vieler Bediensteter der Bahn zur SPÖ verkehrspolitisch jedenfalls Nutzen gezogen wird. Warum sollen die mehrheitlich sozialdemokratisch gesinnten Eisenbahner mit einer umweltbewußten, von der Sozialdemokratischen Partei formulierten Verkehrspolitik nicht mitgehen können?

Glauben Sie nicht, daß gewisse Kernschichten stets von gewissen anderen Interessen geleitet werden?

Da haben Sie recht. Wenn ein Eisenbahnbediensteter gleichzeitig Bürgermeister in einer Gemeinde ist und in dieser Gemeinde eine unrentable Nebenbahn stillgelegt werden muß, kann die unrentable Nebenbahn nicht in Betrieb bleiben, nur weil dieser Mann dort Bürgermeister ist.

Man könnte ja bei der Verstaatlichten Industrie einige noch brisantere Konflikte anführen.

Ich reklamiere für uns, daß wir hier eine Bereitschaft zur Konfliktaustragung zeigen und notwendige Maßnahmen wegen auftretender Widerstände nicht unterlassen. Im Gegenteil, so mancher Arbeiter und Angestellte in der Verstaatlichten Industrie kritisiert uns eben deshalb, weil wir den uns unterstellten parteipolitischen Mißbrauch nicht treiben. Wobei das, was ich hier Mißbrauch nenne, von so manchen Beschäftigten nicht als Mißbrauch gesehen wird, sondern als geradezu selbstverständlich in der Idee des öffentlich-wirtschaftlichen oder gemeinwirtschaftlichen Unternehmens angelegt gilt. Das traditionelle Argument lautet: Die Verstaatlichte gehört uns, wir sind dafür verantwortlich, also machen wir auch unsere Personalpolitik. Ich sage: Die Verstaatlichte Industrie hat ein verantwortliches Management, was zählt, ist Leistung und nicht Politik.

Steht da nicht eine moderne Auffassung von Industriepolitik gegen die Absicherung von Arbeiterrechten?

Natürlich muß eine Partei, die Arbeitnehmerinteressen zu vertreten hat, sehr darauf achten, nicht ungerechtfertigte Unterschiede aufkommen zu lassen. Ein Beispiel: An einem bestimmten Standort gibt es zwei Betriebe, wovon einer verstaatlicht ist und der andere in privater Hand. Beide befinden sich in einer Krise, in beiden müßte die Anzahl der Arbeitskräfte reduziert werden. Der private tut es, der verstaatlichte nicht. In einem solchen Szenario würden wir ja zulassen, daß unter einigermaßen gleichen Bedingungen in Schwierigkeiten geratene Arbeitnehmer ungerechtfertigterweise unterschiedlich behandelt werden.

Werden Sie derart gleich behandelt, wählen diese Kernwähler dann eben Haider.

Daher ist ja auch immer wieder nicht der arbeitsplatzvernichtende, sondern der an Alternativen ausgerichtete Weg zu wählen. Der Populismus kann kurzfristig politischen Schaden anrichten, aber relativ bald wird er durchschaut. Diejenigen, die an schwierigen Industriestandorten populistisch argumentieren und sich Stammwähler von der Sozialdemokratie holen, werden nach einer gewissen Zeit entlarvt, weil sie selber keine Alternativen anbieten können.

In den 80er Jahren haben krisenhafte Erscheinungen in ganz Europa zu einem Wertewandel geführt. Sie selbst sind ja unter dem Motto angetreten, notwendige Modernisierungsmaßnahmen durchzuführen. Das hatte zur Folge, daß die traditionellen Werte der Kernschichten der SPÖ, also der Arbeiterschaft, zugunsten von Werten der neuen Mittelschichten zurückgedrängt worden sind. Diese neuen Schichten denken ganz anders, verhalten sich ganz anders und haben ganz andere Lebensstile. Beide existieren nebeneinander. Das kann für die Partei nicht ganz einfach sein.

Darin besteht eine Schlüsselproblematik der Sozialdemokratischen Partei. Mit einer gelungenen sozialdemokratischen Wirtschafts- und Sozialpolitik entsteht die Wohlstandsgesellschaft. Der relative Anteil derer, die in höhere Einkommensschichten aufsteigen, wird größer. Indem die sozialdemokratische Wirtschaftspolitik dazu beigetragen hat, mehr Menschen in bessere materielle Verhältnisse zu versetzen, war sie erfolgreich. Will die Sozialdemokratie jetzt nicht inkonsequent werden, muß sie auch die vertreten, die dank ihrer Politik dem traditionellen Bild der Unterprivilegierten nicht mehr entsprechen. Die Sozialdemokratie muß aber auch verhindern, daß diese zufriedenen Mittelschichten die weniger Erfolgreichen ausschließen, wie das John K. Galbraith in seiner Analyse der »Culture of Contentment« beschreibt. Um dies zu bewerkstelligen, muß die Sozialdemokratie aus einer Position der Stärke agieren. Denn eine Partei der Schwachen kann den Schwachen nicht helfen, sie muß eine Partei der Starken für die Schwachen sein.

Galbraith schreibt, wir befänden uns erstmals in einer Situation, in der die Wohlhabenden und die Besitzenden die Mehrheit stellen. Die anderen bleiben in der Minderheit, die Mehrheit kann sich also selber eine ungerechte Gesellschaft erwählen und das untere Drittel mit demokratischen Mitteln ausschließen.

Genau das beschreibt die nicht leichte Aufgabenstellung der Sozialdemokratie, aber auch das Dilemma der Konservativen, denn die neuen Mittelschichten werden ihres Wohlstands wegen nicht gleich konservativ. Der neue Mittelschichtler ist wahrscheinlich weder Bildungsbürger noch Kirchgänger. Als Aufsteiger ist er eher für eine gewisse Entideologisierung anfällig, daher auch für einen apolitischen Rechtspopulismus, wird er nun von der Haiderpartei oder von einem medialen Boulevard vertreten.

Die österreichische Situation ist sowieso eine ganz besondere, weil in gewisser Weise auch die ÖVP sozialdemokratisiert ist.

Trotz der Feststellung von Ernst Jandl: »Lechts und rinks, das kann man nicht velwechsern« haben die Massenparteien zweifellos viele Berührungspunkte. Zeitungskarikaturen sind diesbezüglich interessant. Der Zeichner Ironimus hat früher einen ÖVPler nur mit Steirerhut und Gamsbart gezeichnet. Wobei den Hut ein breites Band zierte, von dem man trotz schwarzweißer Karikatur wußte, daß es ein grünes Band war. SPÖler hatten eine Schirmkappe, einen Overall und drei Pfeile. Einen Sozialdemokraten kann man heute nicht mehr so karikieren. Weder der Fabriksarbeiter noch die Verkäuferin, weder der Computerfachmann noch die Filialleiterin würden sich in diesem Bild wiederfinden oder von anderen wiedergefunden werden. Ernsthaft gesprochen, gibt es natürlich neben den Gemeinsamkeiten viele Unterschiede in der Steuerpolitik, in der Familienpolitik, in der Industriepolitik, auch in der Außenpolitik.

Wenn es schon Unterschiede zwischen den und auch innerhalb der Parteien gibt, wie sieht es mit den schichtspezifischen Unterschieden in Österreich aus?

Die sind wahrscheinlich geringer als anderswo, werden aber manchmal völlig unnötigerweise gepflegt. Ich beobachte immer wieder, daß selbst innerhalb der neuen Mittelschichten gesellschaftliche Unterschiede zwischen Arbeitern und Angestellten gemacht werden. Den Arbeiter braucht und schätzt man untertags sehr, wenn irgendeine

Reparatur, irgendeine handwerkliche Verrichtung ansteht. Trifft man aber denselben Arbeiter abends zufällig in der Oper, wundert man sich sehr, daß er ebenfalls da ist. Auch im Sport, selbst im Betriebssport, auf dem betriebseigenen Tennisplatz, sind bestimmte Schranken noch spürbar. Ein anderes Beispiel: Angehende Akademiker, also Mittelschüler und Studenten, bekamen viele Jahre früher vom Staat die freie Fahrt auf öffentlichen Verkehrsmitteln zuerkannt als angehende Facharbeiter. Für Lehrlinge haben wir erst in diesem Jahr – gegen nicht unerheblichen Widerstand – diese Freifahrten verwirklicht. Was ich damit sagen will, ist, daß die Gesellschaft, die immer wieder einen Mangel an Facharbeitern beklagt, durch andere Verhaltensweisen auch die Voraussetzungen dafür liefern muß, daß der Arbeiter in der Gesellschaft tatsächlich gleich behandelt wird wie alle anderen und sich auch gleich behandelt fühlt.

Auch die Parteien sind aufgefordert, ihre Verhaltensweisen zu überdenken oder zu verändern. So sind die Parteien heute noch immer Adressaten von unzähligen Interventionsersuchen. Ich habe gelesen, es gibt als Folge davon jährlich etwa dreihunderttausend parteipolitische Interventionen allein in Wien. Das ist eine Zahl, die mich einigermaßen beeindruckt hat.

Und darin sind wahrscheinlich noch gar nicht die Interventionen beim Bundespräsidenten oder beim Bundeskanzler eingeschlossen. Es besteht ohne Zweifel eine große Erwartungshaltung. Lassen Sie mich Ihnen ein Beispiel geben: In einem Wahlbezirk komme ich mit den Leuten ins Gespräch über ihren Parlamentsabgeordneten. Sie loben ihn sehr. Ich freue mich über diese Meinung, füge aber hinzu, daß er im Parlament nicht im Vordergrund steht. In neunundneunzig von hundert Fällen antworten meine Gesprächspartner, daß das auch gar nicht notwendig sei. Als viel wichtiger wird angesehen, daß er alle Interventionsersuchen zu den Wiener Ämtern und Stellen mitnimmt. Ein solches Verständnis ist zwar eher im Abnehmen begriffen, es ist aber noch immer vorhanden.

Auf die Parteipolitik bezogen, kann man das sicher auch feststellen. Die nämlichen Leute, die unter Umständen von der Partei etwas haben wollen, fordern gleichzeitig, daß das System sauberer wird. Vielleicht gehen sie sogar so weit, selbst wenn sie mit dem Parteibuch ihre Gemeindewohnung bekommen haben, trotzdem Haider zu wählen, weil endlich einer dieser Packelei und Schiebung ein Ende machen muß.

Der Ökologe und Ökonom Joseph Huber hat einmal festgestellt, daß Doppelmoral nicht von falscher, sondern von zuviel Moral kommt. Oftmals wird gegen die Schwarzarbeit Stellung genommen und gleichzeitig die Bitte hinzugefügt, die Regelungen nicht zu rasch in Kraft treten zu lassen, denn der eigene Pfuscher sei noch nicht fertig.

Die SPÖ hat eine riesige Organisationsdichte, die zehnmal so groß ist wie jene der SPD. Trotzdem oder gerade deswegen leidet sie unter einem ziemlich starken Mitgliederschwund. Und verbunden damit gibt es die paradoxe Situation, daß vier Fünftel dieser Mitglieder nach Einschätzung von Kennern nichts tun, als sich selbst mit geselligem Beisammensein oder ähnlichem zu legitimie-

ren. Bloß ein Fünftel der Mitglieder leistet wirklich Parteiarbeit. Die SPÖ scheint also ein Riesenapparat zu sein, der tendenziell schrumpft, in Wirklichkeit wenig bewegt und fast zum Selbstzweck erstarrt ist. Würden Sie sich diese Beschreibung der SPÖ gefallen lassen?

Natürlich bin ich über den Mitgliederschwund in Sorge, andererseits erscheint mir bei einer so großen Partei durchaus verständlich, daß immer wieder gewisse Defizite auftauchen. Die Partei hat politisch denkende und politisch empfindende Menschen mit dem Wissen der Zeit in Kontakt zu bringen. Wer den ganzen Tag arbeitet, hat in der Regel nicht die Möglichkeit, sich ein einigermaßen umfassendes Bild von den wichtigen Themen der Zeit zu verschaffen.

Bereits in ihrer Frühzeit hatte die Arbeiterbewegung mit dem Slogan »Wissen ist Macht« erkannt, wie sie sich die Mittel einer nachhaltigen Gesellschaftsveränderung anzueignen hat. Im Zeitalter der Medien- und Informationsgesellschaft müssen wir diesen Slogan »Wissen ist Macht« auf eine neue Ebene heben. Wenn ich vom Wissen der Zeit rede, meine ich diese grundsätzliche Information, auf deren Basis das tagespolitische Geschehen besser verstanden, und interpretiert werden kann.

Erfordert diese Selektion und Vermittlung von Wissen nicht einen großen Apparat? Wie soll sie funktionieren?

Wir arbeiten derzeit daran, parteiintern ein modernes Informationssystem zu errichten, bei dessen Endausbau tatsächlich in jedem Bezirksparteisekretariat ein Bildschirm stehen wird, von dem die wesentlichen Informationen abgerufen werden können. Daneben wird es verschiedenste Formen von Publikationen geben, die nicht mehr die Aufgabe haben, anderen Medien Konkurrenz zu machen, sondern dem Parteimitglied sachliche Information zur Hand geben.

Das würde aber ein Abgehen von den derzeitigen Kommunikationsgewohnheiten bedingen. Bis jetzt ist es so, wenn wir es einmal boshaft formulieren, daß sich die Partei darauf verläßt, daß sie das Fernsehen einigermaßen kontrolliert und damit ausgleicht, was sie in den Printmedien nicht kontrollieren kann. In Wahlzeiten setzt man auf eine gute, professionelle Wahlwerbung mit einem präsentablen Spitzenkandidaten.

Das ist nicht zutreffend. Tausende investieren einen Großteil ihrer Freizeit in unentgeltliche politische Arbeit, und zwar gleichgültig, ob eine Wahl bevorsteht oder nicht. Alles, worüber wir hier sprechen, hängt mit dem Wort »Qualitätsverbesserung« zusammen. Sie wissen, daß wir eine Bildungsorganisation in der Partei haben, die eine einigermaßen geschlossene Bewegung darstellt und darauf auch großen Wert zu legen scheint. Weiters gibt es die politische Akademie der SPÖ, das Dr. Karl Renner Institut. Über viele Jahre wurde in beiden wertvolle Arbeit geleistet. Nun aber muß der Brückenschlag nach außen vorgenommen werden, damit die unmittelbar im Schoß der Partei angesiedelten Informationsmechanismen von allen in Anspruch genommen werden können. Denn nur wenn das angebotene Informationsmaterial interessant ist, wird man die Öffnung der Partei vom Inhaltlichen über das Organisatorische bewerkstelligen. Öffnung beginnt damit, daß man beginnt, Andersdenkende zu interessieren.

Sie haben eben eine Kommunikationsaufgabe skizziert, bei der es darum geht, die Partei in der Kommunikationswelt zu verankern. Muß man diese Aufgabe nicht auch personell anders betrachten?

Was ich hier sage, muß natürlich auch gelebt werden können. Deshalb müssen wir zunächst einmal bei der Ausbildung ansetzen. Dem entspricht die Initiative, die ich für den heurigen Herbst in Auftrag gegeben habe, nämlich die persönliche, individuelle Ausbildung der Mitarbeiter zu intensivieren. Sie sind es ja, die eine Kommunikationsoffensive tragen und vermitteln müssen. Sie sollen dann auch die Beziehung herstellen zwischen diesem grundsätzlichen Basiswissen einerseits und tagespolitischem Geschehen andererseits. Wir haben unsere Ideen, unsere Grundsätze, unsere Programme, trotzdem enthebt uns das nicht der täglichen Kleinarbeit. Dieser noch immer zutreffende Satz stammt übrigens von Otto Bauer, bei dem die Kleinarbeit noch das Attribut revolutionär trug.

Womit sind Sie bei der Bildungsarbeit Ihrer Partei nicht zufrieden?

Die Kommunikationsgesellschaft braucht den Kommunikator, der wiederum entsteht auf Grund von Talent und der Fähigkeit der Partei, solche Talente zu finden und aufzubauen. Wir brauchen heute einen Politikertyp, der den Anforderungen zeitgemäßer politischer Auseinandersetzung gewachsen ist. Im Vermögen, Politik zu vermitteln, liegt ein großer Teil des Vermögens, Politik zu machen.

Im Kommunikationsspiel wird Ihnen ja die Rolle des Moderators zugewiesen.

Die Rolle des Moderators ist an sich keine unwichtige und schlechte Rolle. In Zeiten, in denen politische Heißsporne unter Umständen die Staatsraison außer acht lassen, bedarf es dessen, der in der ursprünglichen Bedeutung des Wortes moderiert. Ich bin in den meisten Fällen gut damit gefahren.

Vranitzky leitet zwar die Diskussion, aber er ist kein Macher, das schwingt natürlich als negativer Beigeschmack bei diesem Prädikat mit.

Einmal Moderator, dann wieder einmal Macher. Auch Etikettierungen haben ihre Konjunkturen und ihre Modeströmungen. Wäre ich in der Europapolitik und während der kritischen Waldheim-Monate nicht Moderator *und* Macher gewesen, hätten wir 1989 sicher keinen Beitrittsantrag gestellt, dafür aber 1987 eine Staatskrise mit unübersehbaren Folgen erlebt.

Während der Sommermonate sind Sie von einigen österreichischen Medien ungewöhnlich scharf kritisiert worden. Man warf Ihnen mangelnde Durchsetzungsfähigkeit und Inhaltslosigkeit etwa bei der Parteireform vor. Ein Magazin betitelte seine Geschichte gar mit dem Ausdruck »Vranitzkydämmerung«.

Ich habe das zunächst einmal für eine blasphemische Verballhornung gehalten. Die darin geäußerte Kritik war weder neu noch besonders substantiell. Sie war eigentlich nach der verlorenen Bundespräsidentenwahl auch zu erwarten. Aber jeder kann sich mittels einer kurzen Zwischenbilanz selber ein Bild machen. In der Zeit, in der ich die österreichische Bundesregierung führe, hat unser Land seine Position in den obersten Rängen der internationalen Wohlstandsskala nicht nur gehalten, sondern verbessert. Maßgebliche Bereiche wurden grundlegend reformiert, wie Steuer-, Familien- und Industriepolitik. Andere Reformen reifen heran. Viele Anfechtungen – siehe Waldheim-Debatte – wurden abgewehrt. Das weltweite Ansehen Österreichs ist untadelig. Die Sozialdemokraten bilden mit 20 Mandaten Abstand zur nächsten Partei die eindeutige Mehrheitsfraktion im Nationalrat. Die eigentliche Beurteilung muß ich freilich anderen überlassen, in erster Linie den Wählern, und die haben ja bereits zweimal entschieden. Ich sehe jedenfalls den Horizont nicht, über dem sich eine Vranitzkydämmerung abspielen soll, und wenn, dann wird es wohl eine Morgendämmerung sein.

Unter den Gesetzen von Politik als Kommunikation, unter den daraus folgenden Gesetzen von Politik als Personalisierung noch einmal die Frage: Wird nicht das Problem einer Parteireform zu einem Rekrutierungsproblem? Was bedeutet diese neue Problemstellung für die Parteireform?

Ein Leopold Figl noch konnte es sich leisten, nur alle vierzehn Tage einmal an die Öffentlichkeit zu treten, heute muß jeder einzelne Abgeordnete auf dem Fernsehschirm bestehen können. Obwohl man der österreichischen Sozialdemokratie immer wieder Personalprobleme angedichtet hat, sind diese Unkenrufe verhallt. Ich kann heute mit einer besonders attraktiven, jungen und dynamischen Regierungsfraktion aufwarten, diverse Rücktritte Mitte der achtziger Jahre, welche die halbe Führungsmannschaft der Partei betrafen, wurden rasch überwunden.

In welche Richtung soll die Parteireform inhaltlich gehen?

Zunächst einmal geht es darum, die neuen Ideen zu sammeln, neue Diskussionskreise zu etablieren, ehe wir ab 1993 darangehen, ein neues Parteiprogramm zu erarbeiten. Ich befürchte, daß die Parteien eine Gesellschaft bearbeiten, die heute gar nicht mehr in dieser Form besteht. Sind wir noch eine Industriegesellschaft, eine Dienstleistungsgesellschaft, eine Informationsgesellschaft oder vielleicht gar eine Desinformationsgesellschaft? Wir reden von Arbeitsleben, von Arbeitsgesellschaft. Haben viele Menschen eigentlich noch vorwiegend ein Arbeitsleben? Oder sind sie nicht in Wirklichkeit längst Mitglieder der Freizeitgesellschaft geworden? Durchaus nicht unehrenhaft, sondern durch technischen Fortschritt, durch sozialen Fortschritt und auch durch rechtlichen Fortschritt ist, wie André Gorz bemerkt, die Zahl der Stunden, die ein Arbeitnehmer vor dem Radioapparat, dem Fernsehgerät oder sonstwo bei einer Freizeitbeschäftigung verbringt, viel größer als die Zahl der Stunden, die er am Arbeitsplatz verbringt. Vor vierzig Jahren, sagt Gorz, hat ein zwanzigjähriger Arbeiter ein Drittel seines wachen Lebens gearbeitet, heute verbringt er nur noch ein Fünftel seiner wachen Zeit arbeitend. Es erscheint mir wichtig, völlig unvoreingenommen und ohne Vorgaben aus eingefahrenen Denkmustern ausbrechen zu können und zu grundsätzlich neuen Problemstellungen zu kommen. Ich möchte alle Interessierten auffordern, an dieser Ideenfindung mitzuwirken. So muß ja auch der Kontrapunkt zu den Populisten gesetzt werden, zumal zu den Rechtspopulisten. Auch deshalb ist es mir so wichtig, neue und frische Ideen zu generieren, weil ich nicht zulassen möchte, daß der Populismus ein gewisses Theorie- und Ideenvakuum ausnutzt.

Politisches Engagement hat – zumindest auf der Linken – derzeit keine Konjunktur. Wodurch könnte es Ihrer Meinung nach wieder verstärkt werden?

Ich sage das folgende sehr ungedeckt und ungeschützt: Ich glaube nicht an die Fortsetzung dieser apolitischen oder sogar antipolitischen Zeitgeistströmungen, die wir heute konstatieren. Die Marginalisierung des Politischen wird nicht für alle Zeiten andauern, selbst wenn es derzeit danach aussieht. Viele junge Leute konzentrieren sich nicht bloß auf das Materielle, sondern wollen sich in sozialen und in Umweltfragen durchaus einmischen und gehört werden. Ich sehe auch viele, denen es um eine Bewältigung der Ausländerfrage ohne Fremdenhaß geht. Dem Ideal der Brüderlichkeit sind in der menschlichen Natur Grenzen gesetzt. Wir scheinen jetzt eine Phase zu durchlaufen, in der dieser Satz besondere Bestätigung erfährt, aber wir erleben auch, vielleicht nur bei wenigen, eine sehr spannende und aufregende Rückkehr zu dieser Brüderlichkeit. Damit meine ich nicht nur die Welle der Hilfsbereitschaft, die es bei der Aufnahme und Unterstützung der bosnischen Flüchtlinge gegeben hat. Idealistische politische Bewegungen sind immer zunächst von kleinen Gruppen ausgegangen.

Das klingt, wie schon die eine oder andere Passage in diesem Kapitel, einigermaßen visionär. Über Visionen haben Sie sich zuzeiten abfällig geäußert.

Um es ein für allemal zu klären: Ich bin nicht der Ansicht, daß jeder zum Arzt muß, der Visionen hat. Übrigens habe ich diesen Ausspruch nie getan, ich bin nur eines Tages müde geworden, ihn zu dementieren.

Wir haben schon über das Defizit an Leitbildern gesprochen. Der Marxismus ist als Handlungsanleitung längst diskreditiert. Woran hält sich eine Partei, die Angebote an junge Leute machen will, woran hält sich ein junger Mensch, der sich engagieren will? Woran hält sich der Politiker, der Handlungsanweisungen sucht?

Das Ende der Ideologien, der geschlossenen und unanfechtbaren Gedankengebäude hat bis zu einem gewissen Grad auch das Ende der Leitbilder mit sich gebracht. Ich halte das für keine schlechte Entwicklung, auch wenn sie Unsicherheiten schafft. Sie schärft das eigene Denken, die eigene Verantwortung. Handlungsanleitungen und Leitbilder verführen auch zu allzu blinder Gefolgschaft. Dennoch sehe ich die Notwendigkeit von Orientierung. Aber einfache Lösungen und Rezepte gibt es in dieser komplexen Welt nicht mehr, und wer immer sie anbietet, ist ein Scharlatan. Ich bemühe mich, durch gutes und effizientes Regieren im Ökonomischen, im Sozialen und im Kulturellen Linien vorzugeben. Eine effiziente Verwaltung schafft nicht automatisch geistige Führung, aber sie ist eine unerläßliche Voraussetzung dafür. Wir müssen uns allerdings auch davor hüten, die Politik zu einem universellen Verantwortungsnehmer werden zu lassen, wie Oskar Lafontaine das einmal ausgedrückt hat. Auf jeden Fall aber muß gutes Regieren auf bestimmten Ideen und Grundsätzen aufbauen. Einer besteht darin, gerade in dieser sehr technisierten und manchmal überorganisierten Welt das humanitäre Anliegen, die Solidarität ins Zentrum der Politik zu stellen. In meiner Amtszeit sind doch wesentliche soziale Fortschritte gelungen, wenn ich etwa an das zweite Karenzjahr wechselseitig für Mütter und Väter oder an die Lehrlingsfreifahrt denke. Ein zweiter Grundsatz ist mit dem ersten verflochten, nämlich das sehr kritische und distanzierte Überprüfen, ob die materiellen Vermehrungs- und Beschleunigungsziele in unserer Gesellschaft tatsächlich den Menschen dienen oder ob sie ihnen nicht bereits eher schaden. Es könnte nämlich sein, daß bei individueller Wohlstandsmehrung doch wieder allgemeiner Wohlstandsverlust eintritt, so daß am Ende auch die individuelle Wohlstandsmehrung nicht mehr gegeben ist.

Sie meinen, daß man sehr wohl auch Einzelinteressen, nennen wir sie ruhig kapitalistische Einzelinteressen, begrenzen muß zugunsten des Gesamtwohls.

Der Nationalökonom Wolfgang Stützel verwendet ein Beispiel: Wenn in einem vollbesetzten Kinosaal einer aufsteht und alle anderen sitzenbleiben, sieht der eine besser. Wenn alle aufstehen, sieht nicht nur der eine nicht besser, sondern alle anderen auch nicht. Allgemeiner ausgedrückt, stellt sich somit die Frage: Läßt sich die angestrebte und erreichte Lebensqualität einzelner unbeschränkt hochrechnen? Könnte die Welt den durchschnittlichen Energiekonsum eines Westeuropäers oder Amerikaners, umgelegt auf die Gesamtbevölkerung, überhaupt verkraften?

Nehmen wir ein anderes konkretes Beispiel: die Ansiedlung der Fabrik des Chrysler-Konzerns in Graz. Das ist einerseits ein im Rahmen Ihrer industriepolitischen Überlegungen befindliches Projekt, auf der anderen Seite wird aber dort ein ökologisch problematisches Produkt hergestellt, nämlich ein Auto. Geraten Sie da nicht in ein Entscheidungsdilemma?

Hier geht es um eine grundsätzliche Bewertung des Autos in der Gesellschaft. Unbestritten ist, daß es sich verständlicherweise als Individualverkehrsmittel größter Beliebtheit erfreut und daß niemand darauf verzichten will. Unbestritten ist ferner, daß das Auto ökologisch und volkswirtschaftlich etliche Fragen aufwirft. Wie so oft gibt es auch hier keine Entweder-Oder-Lösungen. Wir müssen zu einem vernünftigen Gebrauch des Autos kommen, wir müssen zu einer vernünftigeren technischen Ausstattung des Autos kommen, und wir müssen vor allem den öffentlichen Verkehr attraktiver gestalten. Das österreichische Verkehrskonzept formuliert den eindeutigen Vorrang des öffentlichen Verkehrs, viele Maßnahmen gehen bereits in diese Richtung. Zum konkreten Projekt des Chrysler-Werkes in Graz wäre zu sagen, daß ich mich auch deshalb dafür so eingesetzt habe, weil dahinter ein klares industriepolitisches Bekenntnis der österreichischen Sozialdemokratie steckt. Seit den frühen siebziger Jahren ist es uns mehrmals gelungen, etwa mit dem GM-Werk in Aspern, dem BMW-Werk in Steyr und nun mit Chrysler in Graz, große Autokonzerne in Österreich anzusiedeln, die sonst ihre Produktionen woanders aufgezogen hätten. Die Alternative kann ja nicht darin bestehen, überhaupt keine Industrie mehr anzusiedeln, sondern darin, dafür zu sorgen, daß sie mit ökologischen Erfordernissen in Einklang gebracht werden kann. In diese Richtung zielt ja auch mein Vorschlag zur Entwicklung eines Drei-Liter-Autos bis zum Jahr 2000, der anfangs vielfach belächelt wurde. Nach zahlreichen Gesprächen mit Vertretern der großen deutschen und italienischen Autokonzerne erscheint das Ziel, ein Auto zu entwickeln, das mit einem umweltfreundlichen Motor nicht mehr als drei Liter auf hundert Kilometer verbraucht, keineswegs mehr unrealistisch. Edzard Reuter von Daimler-Benz, Karl Hahn und Ferdinand Piëch von VW-Audi haben mir gegenüber ebenfalls Interesse an diesem Projekt gezeigt.

Ein anderes Dilemma, das sich für Sie als Parteivorsitzenden auftut, ist die strukturelle Zukunft der SPÖ. Die Frage Mitgliederpartei oder Wählerpartei wird derzeit viel diskutiert. Die SPÖ ist ja beides zugleich, nach innen eine Mitgliederpartei und nach außen eine Wählerpartei. Wird sie sich nicht früher oder später für das eine oder das andere entscheiden müssen?

Das Dilemma ist für mich keines. Die SPÖ ist beides. Und ich sehe eine offene Partei als Modell, in dem Mitglieder und Nichtmitglieder manchmal auch nur in Fach- und Projektallianzen miteinander vorgehen. In diesem Sinn ist auch die Gründung sogenannter Themensektionen zu verstehen, also kleiner Gruppen innerhalb der Partei, die sich nicht mehr, wie bisher üblich, nach geographischen Kriterien bilden, sondern an bestimmten Themen Interessierte vereinen. Wenn das gut funktioniert, kann das Nichtmitglied über eine solche Projektallianz als ständiges Mitglied gewonnen werden. Man muß aber auch jenen Fall einkalkulieren, in dem ein Nichtmitglied, das an diesem Projekt interessiert ist, sich bei einem anderen Projekt sehr kritisch fragen möchte, ob es mit dieser Partei eine Allianz eingeht. Wenn es tatsächlich zu einer Reduzierung der Kernschichten kommt, was ich gar nicht bestreite, müssen wir auf diesem sehr offenen Weg versuchen, trotzdem eine Mehrheit für unsere Politik zu gewinnen. Die Zeit der kaum antastbaren Mehrheiten ist ebenso vorbei wie die Zeit der festen politischen Familienbindungen, in der die Kinder die politische Einstellung ihrer Eltern automatisch übernehmen.

Ihr Projekt einer Öffnung erinnert stark an Kreiskys vierzehnhundert Experten, die er vor der Wahl 1970 zwecks kreativen Denkens um sich sammelte. Diese Aktion hat aber in der Folge einige Frustration bei Leuten, die sich tatsächlich sehr engagiert haben, hervorgerufen. Viele sind nicht weitergekommen, weil ihr Elan im institutionellen Dickicht hängengeblieben ist oder zur Strecke gebracht wurde. Der Frust war dann umso größer.

In der Retrospektive: Selbst wenn es Frustrationen gegeben hat, waren die 1400 Experten meines Erachtens doch eine gelungene und notwendige Aktion. Es war die erste Aktion dieser Art, die insofern einen Strukturwandel im politischen Leben signalisiert hat, als bis dato sämtliche politischen Überlegungen und Programme immer von einer Handvoll Leuten in abgeschlossenen Parteizimmern erarbeitet wurden. Die Arbeit der 1400 Experten war auf einmal ein geglückter Akt der Öffnung, des Zuhörenkönnens und auch des Aufnehmens. Ich glaube, daß das schwerer wiegt als die in Einzelfällen entstandenen Frustrationen, wiewohl ich jede einzelne sehr bedaure.

Waren Sie eigentlich einer dieser 1400 Experten?

Ja. Ich konnte meine Amerikaerfahrungen einbringen. Ökonometrische Berechnungen des Kapitalmarkts waren damals in Österreich noch nicht sehr bekannt. Ich habe versucht, diesen technischen, aber stark zukunftsorientierten Aspekt in die Arbeit einzubringen.

Schwebt Ihnen eine Neuauflage dieser Aktion vor?

Eine Neuauflage nicht. Mir geht es darum, unter dem Titel »Themen der Zeit« völlig neue Fragestellungen zu erarbeiten. Woher wissen wir, daß die Art und Weise, in der wir heute Bildungspolitik betreiben und die wir uns auch noch zugute halten, nicht schon längst überholt ist, weil es gänzlich andere Zugänge gibt? Ich habe kürzlich eine Gruppe von circa 50 Freunden und Bekannten aus den unterschiedlichsten Fachbereiten gebeten, als Kern für dieses »Themen der Zeit«-Projekt zur Verfügung zu stehen. Experten aus aller Welt sollen punktuell eingeladen werden, ihre Sicht der Dinge darzustellen, so daß ein offenes Forum des unkonventionellen Gedankenaustausches entsteht. Das Projekt soll nach einem Jahr mit Berichten und Gutachten der einzelnen Arbeitsgruppen sowie mit einem unabhängig davon entstehenden Buch abgeschlossen werden, das die wichtigsten Megatrends zusammenfaßt. Das »Themen der Zeit«-Projekt ist zunächst kein rein sozialdemokratisches Projekt. Es ist aber durchaus möglich, daß daraus einige Anregungen für die Diskussion um das Parteiprogramm abgeleitet werden können.

Wie soll das neue Parteiprogramm aussehen, was ist bleibend am alten, und was soll geändert werden?

Das Programm der SPÖ aus dem Jahr 1978 ist ein modernes und tragfähiges Programm. Es sieht als Säulen über die traditionellen sozialdemokratischen Grundwerte hinaus zeitgemäße und moderne Inhalte und Forderungen vor, also die individuelle Entfaltung, die Internationalisierung, den Wettbewerb und neue Impulse für die Verteilungsgerechtigkeit. Andererseits sind seither eineinhalb Jahrzehnte ins Land gezogen, und vieles hat sich geändert. So ist die Umweltpolitik zu einem unserer zentralen Politikinhalte geworden. Zudem gibt es im Programm 1978 noch eine sehr starke Fixierung auf die Staatsnähe der Wirtschaftsabläufe. Die Rolle der Politik als Regulator wird ein wenig zu stark betont. All das ist für das neue Parteiprogramm zu diskutieren.

Wie sehen Sie Karl Marx und den Marxismus heute?

Der Philosoph, der Theoretiker, der Analytiker Karl Marx hat seinen festen und unbestreitbaren Platz in der Dogmengeschichte. Dem bürgerlichen Menschenbild des isolierten Individuums setzt Marx den Menschen als Gattungswesen entgegen. Damit wird auch der Freiheitsbegriff, bis dahin ausschließlich auf das Individuum konzentriert, neu definiert, so daß die Menschen einander nicht mehr als Begrenzung, sondern als Ergänzung erfahren. Das Originelle und Neue an Marx hat die Geistesgeschichte weiterbewegt. Daß Karl Marx heute diskreditiert ist, liegt am Mißbrauch seiner Lehre durch Systeme, die sich auf ihn berufen haben. Das mußte aber nicht notwendigerweise so sein. Die österreichische Sozialdemokratie hat sich in der Zwischenkriegszeit besonders intensiv mit dem Marxismus auseinandergesetzt und den sogenannten »Austromarxismus« hervorgebracht, also jene Theorie, deren Praxis wir in den Ergebnissen des »Roten Wien« heute noch bewundern.

Der Wiener Philosoph Konrad Paul Liessmann schreibt, man müsse Karl Marx als Dichter nehmen. Er habe nicht Alternativen entworfen, sondern den Kapitalismus poetisch zum Ausdruck gebracht. Indem er ihn so feinsinnig analysiert wie sonst niemand, habe er ihn quasi gedichtet. Jetzt ist es so, daß der Kapitalismus keinen Gegner mehr hat, auch die Sozialdemokratie kann man nicht unbedingt als antikapitalistisch bezeichnen. Daraus folgt, daß der Kapitalismus mangels Gegnerschaft in die Selbstreflexion getrieben wird, und für diese Selbstreflexion würde er dann den Marxismus brauchen, sozusagen als poetisches Hilfsmittel.

Ähnliches sagt auch der junge französische Philosoph Pascal Bruckner. Es handelt sich hier um die bekannte Erklärungsfigur, der zufolge bei einem Wegfall des Gegenübers dessen Pendant in sich selber ruhen muß, was zu sehr mißlichen Lagen führen kann. Wo finden denn jetzt die Guten das Reich des Bösen? Ich stimme mit Liessmanns Ansatz allerdings nicht vollständig überein, der Kapitalismus und die freie Marktwirtschaft sind nicht ohne Gegner. Sozialdemokratische Politik ist sehr klar darauf ausgerichtet, das uneingeschränkte Spiel der Kräfte dort zu regulieren, wo es sozialpolitische, umweltpolitische oder gesundheitspolitische Ziele gefährdet. Dort freilich, wo die freie Marktwirtschaft zu Monopolisierungen führt, tritt die Sozialdemokratie ebenso vehement für ein tatsächlich freies Spiel der Kräfte ein. Es gibt also starke Gegensätze zum schrankenlosen Liberalismus, aber auch so manche Übereinstimmung. Am deutlichsten läßt sich der Wettstreit unterschiedlicher Ideengebäude an der Entwicklung in den Reformstaaten Osteuropas ablesen. Dort werden, langfristig gesehen, sozialdemokratische Konzepte die Oberhand über ausschließlich marktwirtschaftliche Konzepte behalten. Schon deshalb befinden wir uns keineswegs am Ende der Geschichte, wie dies Francis Fukuyamas Buchtitel zu behaupten scheint, der wesentlich bekannter ist als der Inhalt des Buchs. Der wünschenswerte Endzustand einer demokratischen Gesellschaft scheint mir noch lange nicht erreicht, verschiedene Auffassungen und Utopien, wie er zu erreichen sei, befinden sich noch immer im Wettstreit miteinander.

Daß Sie von Utopien reden, führt mich wieder zurück zur Frage, wie populär Politik sein darf oder wie wenig populär sie sein muß? Dem individuellen Egoismus Schranken aufzuerlegen ist jedenfalls nicht populär.

Selbst falls Solidarität in unserer Werteskala noch nicht sehr weit oben steht, wird sie in Zukunft an Bedeutung gewinnen. Die ganz groben und großen Verwerfungen stehen uns noch bevor: Wenn es etwa in der Nord-Süd-Beziehung nicht in einer überschaubaren Zeit gelingt, Beiträge zur Verteilungsgerechtigkeit zu leisten, wird eintreten, was Julius Nyerere einmal so ausgedrückt hat: Wenn der reiche Norden dem armen Süden weiterhin so viel vorenthält, wird der arme Süden sich auf den Weg machen und sich vom reichen Norden holen, was ihm zusteht. Diese Bewegungen sind bis zu einem gewissen

Grad bereits in Gang gekommen. Auch uns direkt betreffende Wanderungsbewegungen sind ein Teil dieser großen Migration. Im Juni 1992 hat die große Konferenz von Rio de Janeiro über Umwelt und Entwicklung die Dimensionen dieses Konflikts aufgezeigt. Der Westen wird ehrlicher zu sich selber sein müssen und Verantwortung für das zu übernehmen haben, was in seinem Einflußbereich steht. Das habe ich meinen Gesprächspartnern in Rio, unter anderen Präsident Bush, sehr deutlich gesagt, da die Amerikaner Österreichs Versuchen, eine schärfere Version der Klimakonvention durchzubringen, ablehnend gegenüberstanden. Die westlichen Länder stellen ein Fünftel der Weltbevölkerung, verbrauchen jedoch einen Großteil der Ressourcen und sind hauptverantwortlich für die Umweltverschmutzung. Das zu veranschaulichen und im westlichen Bewußtsein zu verankern ist nicht leicht. Daß ich das in Rio als Sprecher der Industrienationen versucht habe, hat einiges Stirnrunzeln hervorgerufen. Es bedarf darüber hinaus auch eindringlicher Stimmen wie jener des in Brasilien wirkenden österreichischen Bischofs Kräutler, die immerhin bis in die beschauliche Stube des Erzbischofs von Salzburg gedrungen zu sein scheint, so daß dieser prompt den schon zu einem Vortrag eingeladenen Kräutler wieder auslud. Was mich veranlaßte, Bischof Kräutler nach Rio einzuladen und seine klaren Standpunkte in die österreichische Position aufzunehmen.

Haben Sie auf Fragen der globalen Umverteilung und des Nord-Süd-Konfliktes von westlichen Politikern schon einmal tatsächlich zielführende Antworten gehört?

Nicht nur in diesem Zusammenhang steht es den Politikern nicht schlecht an, einzugestehen, wie wenige wirkliche Antworten sie haben. Wenn man nämlich auf alles Antworten parat hat, einmal abgesehen davon, daß dies für jeden denkenden Menschen schon verdächtig sein muß, wird Politik zur nachträglichen Rechtfertigung von politischen Handlungen. Und das ist sicher zuwenig.

Sie haben jetzt bei unserem Gespräch schon mehrfach betont, daß Ökologie und Umweltthemen für die SPÖ sehr wichtig sind. Dennoch scheint die SPÖ der Hauptgegner der Grünen zu sein, was wohl mit der Industrie- und Wachstumspolitik der SPÖ in den letzten Jahrzehnten zusammenhängen dürfte.

Ich gebe zu, daß wir einen gewissen Lernprozeß durchmachen mußten. Vielleicht sind die Grünen auf so manches früher draufgekommen als wir. Sie haben punktuell als Mahner und Aufdecker durchaus ihren Stellenwert. Ich meine aber, daß ihnen die Gesamtschau fehlt, um ein umfassendes Politikangebot machen zu können.

Ihre Partei war nicht immer so grün wie Ihre Aussagen jetzt?

Der Lernprozeß war – wie gesagt – nicht einfach. Im Streit um das Donaukraftwerk Hainburg drohte tatsächlich eine Spaltung der Arbeiterschaft. Da beschimpften Naturschützer Arbeiter als Betonierer, während Arbeiter ihre Genossen Naturschützer Arbeitsplatzvernichter nannten. Heute werden sicherer Arbeitsplatz und saubere Umwelt nicht als Gegensatzpaar gehandelt, sondern der sichere Arbeitsplatz in einer sauberen Umwelt ist das erklärte Ziel. Es wäre mir im übrigen eine zu statische

Betrachtungsweise, würde man den Gegensatz zwischen Sozialdemokratie und Grünen bloß in der kritischen Auseinandersetzung um Wachstumsmodelle sehen. Ich selbst habe immer von qualitativem Wachstum gesprochen.

Wie sehen Sie die traditionelle Industriepolitik der SPÖ in diesem Zusammenhang?

Ein großer öffentlicher Industriekonzern muß keineswegs im Gegensatz zum Anspruch einer sauberen Umwelt stehen. So gibt es heute an vielen Standorten der Verstaatlichten Industrie wieder bessere Luftqualität, was ein sicheres Zeichen dafür ist, daß zugunsten einer besseren Umwelt investiert wurde. Gerade über die Verstaatlichte konnte so die öffentliche Verantwortung für eine sauberere Umwelt besser wahrgenommen werden. Heute spielt sich die Auseinandersetzung in Wirklichkeit grenzüberschreitend ab. So waren kürzlich Zementarbeiter bei mir und haben sich darüber beschwert, daß Zement aus osteuropäischen Ländern viel billiger angeboten wird als einheimischer. Der Grund dafür liegt darin, daß nicht nur die Löhne und Energiekosten dort niedriger sind, sondern auch keine Umweltinvestitionen vorgenommen werden.

Noch ein Wort zur Parteireform. Sehen Sie eigentlich ein Problem darin, daß durch zunehmende Personalisierung in Wahlwerbung und Medien kein Druck mehr für Sachinhalte da ist, so daß sich Politik auf ein reines Personalproblem reduziert?

Wir dürfen nicht Parteiarbeit mit der Wahlkampfzeit gleichsetzen. Denn die Intensität der Werbung spielt sich in erster Linie in Wahlkampfzeiten ab. Selbstverständlich dürfen politische Inhalte nicht nur und nicht erst in Wahlkampfzeiten vermittelt werden, sondern müssen die ganze Zeit über präsent sein. Dem soll ja auch ein Vorwahlsystem dienen, das mit der Parteireform eingeführt wird. Nur wer die ganzen vier Jahre über gute Politik macht und präsent ist, wird auch von den Parteimitgliedern akzeptiert und gewählt werden. Das gilt für den Abgeordneten ebenso wie für den Spitzenkandidaten. Im Idealfall sollte die Wahlwerbung die Intensivierung einer über die Zeit schon erfolgten politischen Arbeit darstellen. Wenn man erst im Wahlkampf versucht, politische Inhalte zu vermitteln, ist man ziemlich spät dran.

Dennoch bleibt das Faktum, daß man heutzutage Wahlen am besten gewinnt, indem man sich von den Parteien distanziert. Das wird bei einer Parteireform nicht unberücksichtigt bleiben können. Man muß nicht unbedingt an das Beispiel Klestil, man kann ruhig auch an Sie denken.

Ich habe mich nie von der Partei distanziert. Das wäre für einen Parteivorsitzenden auch ein absurder Gedanke. Ich sage immer, die Partei würde ihre Funktion mißverstehen, würde sie sich nicht für die Interessen der in der Republik lebenden Menschen einsetzen. Klestil hingegen hat die Antiparteiströmungen für die Beschleunigung seines Bootes ausgenützt und Erfolg damit gehabt. Das muß jeder mit sich selbst ausmachen, ob und wie weit er sich als deklarierter Parteimann von ebendieser Partei distanziert.

Nicht, daß Sie sich distanziert hätten, aber als Typus waren Sie ein dezidierter Nichtparteimann, und das gehört noch immer zu Ihrem Image.

Es ist dennoch ein Unterschied, ob man demonstrativ auf Distanz zu Parteien oder zu der, die einen nominiert hat, geht. Oder ob man sich zu einer Weltanschauung und zu einer Partei vollinhaltlich bekennt und sich als Person dennoch nicht so vereinnahmen läßt, daß einem Kadavergehorsam vorgeworfen werden kann. Das, meine ich, ist ein riesengroßer Unterschied. Es sollten mehr Leute darauf Wert legen, für die Partei da zu sein, ohne sich von ihr so vereinnahmen zu lassen, daß sie dann austauschbar werden.

Die Umbenennung der SPÖ von »Sozialistische« in »Sozialdemokratische« Partei ist unter Ihrem Vorsitz beschlossen worden. Nun hat »sozialdemokratisch« zwei Bedeutungen. Die eine Bedeutung ist die mit dem moderneren, liberaleren Klang, die andere erinnert an die Partei von vor 1934. So ist die Umbenennung prompt von rechten Historikern als eine Rückwendung, als eine Hinwendung zu den Kernschichten interpretiert worden.

Bruno Kreisky hat fast immer das Wort »Sozialdemokratie« verwendet, obwohl er so lang und so erfolgreich Vorsitzender der Sozialistischen Partei Österreichs war. Es haben viele, nicht nur er, in ihrem ganzen Grundbewußtsein sowohl das soziale als auch das demokratische Element gelebt und vorgelebt. Ein Hauptgrund für die von mir vorgeschlagene Namensänderung war also, im Namen das zum Ausdruck kommen zu lassen, wofür ohnehin viele Sozialdemokraten gelebt haben und wofür manche von ihnen auch gestorben sind.

Vom Begriff der Volkspartei haben Sie sich distanziert.

Ich habe nichts gegen den Begriff »Volkspartei« für eine Partei, die einen großen Stellenwert im Volk hat, nur trägt in Österreich eben eine konkrete Partei diesen Namen.

Kommen wir zum Thema Parteienschelte. Es ist modern, daß die Bundespräsidenten aller Länder jetzt in diese Kerbe schlagen.

Es gibt nur zwei, die diesen Titel tragen.

Tenor der Kritik ist: Die Parteiführungen steuern den Gang der Dinge in der Gesetzgebung und in der Regierung, die Regierungen selber und die Regierenden sind eigentlich nur deren Erfüllungsgehilfen.

Daß politische Parteien zur Neubesinnung, zum Auffrischen ihrer Orientierungen aufgerufen werden, halte ich weder für neu, einmalig noch sensationell. Im übrigen beschäftige ich mich seit 1988, dem Beginn meiner Vorsitzführung, mit dieser Neubesinnung. Die Parteien sind ja nicht als einzige zur Neubesinnung aufgerufen. Modernisierungserfordernisse ergeben sich etwa auch in der Rechtssprechung, an den Universitäten, in den Kammern und Verbänden, in den Kirchen und in der Wissenschaft. Es kommt natürlich immer darauf an, wie man auf den Druck, sich den Anforderungen der Zeit zu stellen, reagiert. Eine politische Partei kann auf die gängige Parteienschelte entweder mit Überheblichkeit reagieren, oder die Parteivertreter schlüpfen in ein Büßergewand, begeben sich barfuß auf die Straße und bezichtigen sich ihrer Sünden. Überheblichkeit ist keine Tugend. Bußfertigkeit mag vielleicht als Tugend gelten, aber sie reicht nicht annähernd aus, um das Problem zu lösen. Eine Partei wie die unsere sollte allein aus ihren historischen Verdiensten für die Emanzipation der Schwächeren genügend Selbstsicherheit ziehen. Welche andere politische Gruppierung kann denn auch nur annähernd auf eine solche Erfolgsbilanz verweisen? Hat die Partei dies einmal den Kritikern gegenüber klargestellt, wird sie mehr Selbstsicherheit gewinnen und unorthodoxen Ideen gegenüber aufgeschlossener sein. Der Selbstsichere braucht sich nicht zu isolieren, er braucht keine Berührungsängste vor neuem Denken, er hat keinen Grund, Enttabuisierung zu scheuen. Der prominente spanische Sozialdemokrat Alfonso Guerra hat einmal gesagt, die sozialdemokratischen Parteien haben die Überbrückung vom Stolz auf das Traditionelle zur Auseinandersetzung mit Fragen der Gegenwart und der Zukunft zu meistern. Es ist unbestritten, daß große politische Bewegungen eher Tankern oder Flugzeugträgern gleichen als kleinen oder mittelgroßen Schnellbooten. Aber auch wenn der Flugzeugträger schwerer zu steuern ist, braucht man ihn, weil auf ihm Flugzeuge starten und landen können, weil er große Tragfähigkeit und Verläßlichkeit beweist. Diese Verläßlichkeit einer großen Gemeinschaft ist für mich als Sozialdemokrat ein zentraler Wert. Dem Zickzack von Populisten gegenüber stellt diese Verläßlichkeit einen zutiefst humanen Aspekt von Politik dar. Da der Flugzeugträger also Kurs hält, ist die Kunst des Politischen, die Kunst der Parteiführung umso mehr angesprochen, wenn es darum geht, Kursänderungen und Änderungen der Mannschaftsaufstellungen zu bewältigen. Mitterrand hat einmal gesagt, die Menschen denken schneller, als unsere Gesellschaften sich ändern können. Ich halte das für einen zutreffenden Satz. Wir sollen uns als Sozialdemokraten der belebenden Elemente des Generationswechsels durchaus bedienen und aus der Erfahrung und der Treue der Alten ebenso schöpfen wie aus der Neugier der Jungen.

Die Parteienschelte gilt aber nicht nur der mangelnden Modernität der Parteien selbst, sondern hauptsächlich der Tatsache, daß sich die Parteien des Staates bemächtigt haben.

Die Sozialdemokratie lebt mit dem Vorwurf einer besonderen Staatsfixiertheit. Vorerst allerdings kämpfte die Arbeiterbewegung gegen den bürgerlichen Staat. Später haben die Sozialdemokraten mit ihren Ideen den Staat und seine Einrichtungen erobert. Heute ist das einstige Forderungsprogramm der Sozialdemokraten Bestandteil unseres Rechtssystems. Das heißt, die Sozialdemokratie hat den Staat nach ihren Vorstellungen gestaltet und geprägt. Nach einem sehr weit fortgeschrittenen Ausbau des sozialen und demokratischen Staates ist hier die kritische Überprüfung erforderlich. Sie wird bei der Akzeptanz ansetzen müssen, die der Staat und seine Einrichtungen beim Staatsbürger haben. Der Staat tritt dem Staatsbürger sehr oft als bürokratischer Anonymus entgegen. Dazu kommt das Spannungsfeld zwischen Staat und Markt. In der Zeit nach dem Zweiten Weltkrieg entstand der Glaube, daß einem die Gemeinschaft schon helfen werde, egal, welche Probleme man habe. Nun haben aber aus ganz anderen Gründen heute Individualität und Individualisierung Konjunktur. Hier entsteht tatsächlich ein Spannungsfeld, dem sich Sozialdemokraten zu stellen haben. Trotz ihres anspruchsvollen Programms von 1978, das ja leider nur ganz wenige Menschen kennen, lebt nun die Sozialdemokratie mit dem Vorwurf der Gleichmacherei, mit dem Vorwurf der Zwangsbeglückung.

Das Ziel, Gleichheit herzustellen, ist aber doch in diesem Programm festgeschrieben.

Das Ziel, Gleichheit herzustellen, widerspricht aber nicht der Individualisierung. Das Gegenteil von Gleichheit wäre Ungleichheit; Individualität auf der Basis von Ungleichheit wäre abzulehnen. Der beliebte Slogan religiöser Privatisierer: »Mehr Privat, weniger Staat« ist nicht besonders geistreich. Wir können doch nicht die Frage, was der Staat und was der Markt für den Menschen besser erledigt, mit der Krämerwaage entscheiden. Das ist doch kein Quantitätsproblem! Wo etwa der Markt durchaus seine Funktion erfüllt, wird der Staat nicht den Markt ersetzen, er wird höchstens Fehlbildungen, etwa an den Rändern des Marktes, beseitigen oder abschwächen. Ebenso wie zwischen Staat und Markt entscheidet auch zwischen dezentralen und zentralen Organisationsprinzipien das Subsidiaritätsprinzip: Der Staatsbürger soll eine möglichst große Anzahl von Angelegenheiten, die ihn betreffen, mit dem Politiker vor Ort austragen können. Wo es um größere Zusammenhänge geht, soll das Gefüge des Staatsganzen als starkes Gerüst dienen, um jederzeit Wetterfestigkeit zu garantieren.

Auch hier herrschen politische Modeströmungen. Die Balance kann und darf aus sozialdemokratischer Perspektive gesehen nicht zu einem bloßen Föderalismus ausschlagen, weil sich sonst das Staatsganze, vielleicht sogar das Kulturganze, als solches nicht erhalten läßt.

In Österreich ist die Situation des Staates eine historisch besondere. Wir haben hier ein paar Erweiterungen eigener Art, die dazu beitragen, daß bei uns Parteienkritik besonders heftig vorgetragen wird. Ich denke etwa an den Bereich der Gemeinwirtschaft.

Die Geschichte der Verstaatlichten Industrie in Österreich ist eine strukturpolitische und letztendlich auch parteipolitische Angelegenheit. In den Trümmerhaufen der Jahre 1945 bis 1948 hätte es nicht den Aufbau einer österreichischen Grundstoff- und Fahrzeugindustrie geben können, hätte nicht die Republik Österreich Eigentumsrechte, etwa an den von den Nazis so genannten Hermann-Göring-Stahlwerken in Linz, erworben. Privates Kapital war nicht in ausreichendem Maß vorhanden, die Fabriken befanden sich kriegs- und nachkriegsbedingt in einem überaus schlechten Zustand. Die Verstaatlichung dieser Unternehmen war gleichzeitig ihre Rettung. Über die Jahre hinweg – heute hat man das längst vergessen – hat diese Verstaatlichte Industrie aber auch strukturpolitisch zur Entwicklung der Gesamtwirtschaft außerordentlich positiv beigetragen, weil ihre Produkte – Koks, Erdölderivate, Stahl, Blech und Eisen – zu Preisen angeboten wurden, die der abnehmenden Wirtschaft einen sehr erheblichen Kostenvorteil brachten.

Eine privatwirtschaftlich organisierte Grundstoffindustrie hätte das möglicherweise nicht getan oder nicht tun müssen. Jedenfalls war es kein marktgerechtes Verhalten.

Kein marktgerechtes Verhalten, aber strategisch richtig. Wir dürfen natürlich die Verhältnisse der fünfziger Jahre nicht auf heute übertragen. Parteipolitisch war die Verstaatlichte Industrie in Österreich stets umstritten. Die Standorte der Verstaatlichten Industrie waren Wähler-Hochburgen der Sozialistischen Partei, anfangs auch der Kommunistischen Partei. Man wollte diese Industrie in der »rechten Reichshälfte« nicht, obwohl natürlich zugegeben wurde, daß sie unentbehrlich war. In den achtziger Jahren wurden viele industriepolitische und strukturpolitische Überlegungen der Aufbauzeit obsolet. Natürlich schwingen bei solchen Unternehmungen, die den Wiederaufbau Österreichs so stark getragen und letztendlich repräsentiert haben, viele emotionale Elemente mit. Letztendlich war in der Verstaatlichten Industrie das Amtsverständnis so mancher Funktionäre dann nicht mehr allgemein verständlich, erinnern wir uns an Multifunktionen und Multientlohnungen. Man hat gesehen, wohin das geführt hat. In meiner Amtszeit wurden Ämter entflochten und damals noch gesetzlich festgeschriebene Privilegien beseitigt. Müßig, darüber nachzudenken, ob das früher hätte kommen können und sollen, ob das den Unternehmungen besser getan hätte, ob die Sozialdemokratie sich damit einige notwendige Erklärungen hätte ersparen können. Heute werden diese Unternehmungen nach den Gesetzen des Marktes geführt. Auch die Verstaatlichungsidee, ursprünglich ohnehin pragmatisch entwickelt, wird heute nicht mehr dogmatisch gesehen. Ebensowenig halte ich allerdings eine undifferenzierte Privatisierungsideologie für zielführend, denn es kommt darauf an, mit welchem Weitblick und mit welchem strategischen Forschungspotential diese Unternehmungen geführt werden. Der Beweis, daß Entscheidungen in der Privatindustrie immer richtig gefällt werden und in der Verstaatlichten Industrie hauptsächlich falsch, läßt sich nicht erbringen.

Die Schweden haben mit ihren Arbeiterbeteiligungs-Fonds einen anderen industriepolitischen Weg eingeschlagen als Österreich mit seiner Verstaatlichten. Warum war das kein Weg für Österreich?

Die Schweden haben nicht Wert darauf gelegt, Produktionsstätten ins öffentliche Eigentum zu bekommen. Ihnen waren die Verteilungsmechanismen wichtiger. Sie haben danach getrachtet, mit den großen Unternehmenseinheiten zusammenzuarbeiten. Volvo, Saab-Scania und Asea sind vielleicht die hervorstechendsten Namen. Als es in bestimmten Regionen zu Strukturproblemen kam, was ja immer wieder geschehen kann, trat der Staat an diese großen Unternehmungen heran und bot ihnen bestimmte Summen, wenn sie in der Lage und bereit wären, in solchen Krisenregionen neue Fabrikseinheiten zu bauen. Ingvar Carlsson hat mich oft gefragt: Warum macht Ihr das in Österreich nicht? Wir haben damit gute Erfahrungen. Meine Antwort mußte leider lauten: Diese Strukturpolitik wäre zwar auch für Österreich interessant, ist aber in Ermangelung solcher Firmen wie Volvo und Asea nicht übertragbar. Die österreichische Industrie hat für den notwendigen Mix zwischen Klein, Mittel und Groß zuwenig Großindustrie. Und wenn jetzt womöglich auch noch der Austrian-Industries-Konzern, also die Verstaatlichte, zerschlagen würde – wogegen ich mich stelle –, hätten wir überhaupt keinen einzigen Konzern, der im internationalen Vergleich auch nur im entferntesten als groß bezeichnet werden kann. Selbst die Austrian Industries sind im internationalen Vergleich klein. Zwischen Klein-, Mittel- und Großbetrieben bestehen vielfältige Interdependenzen. Die Erhaltung eines Großbetriebs bedeutet also nicht nur die Aufrechterhaltung etwa eines Industriestandortes, sondern auch die Absicherung einer industriellen Substanz. Deswegen waren wir Sozialdemokraten auch stets Befürworter einer Aufrechterhaltung großer Einheiten in der Industrie. Daß das in der Tagespolitik natürlich immer anders gesehen wird und die Politik sofort vor den Vorhang gezerrt wird, wenn es zu Fehlleistungen kommt, die auch am Management liegen können, gehört offensichtlich zum medial-politischen Spiel. Einem Spiel, das darin besteht, bei guten Verläufen das Management als tüchtig, bei schlechten Verläufen die Politik als unfähig zu bezeichnen.

Warum hat Österreich keine großen privaten Industriebetriebe? Worauf führen Sie das zurück?

Das ist eine interessante Frage. Österreich ist aus vielerlei historischen Gründen über Jahrzehnte hinweg ein Kapitalimportland gewesen. Es wurde im Inland nicht ausreichend industriell verwertbares Kapital gebildet, die Sparfreudigkeit der Österreicher konnte nur mangelhaft in industrielles Investitionskapital umgesetzt werden, das Risikokapital, das man für den großzügigen Ausbau von Industrien braucht, war immer in zu geringem Umfang vorhanden. Darüber hinaus herrschte über weite Strecken hierzulande ein Klima, das ausländische Multis nicht gerade animiert hat, sich in Österreich zu einem frühen Zeitpunkt anzusiedeln. Heute ist das kein Thema mehr. Etliche Niederlassungen ausländischer Konzerne arbeiten hier sehr eigenständig, und Österreich gibt keineswegs nur die gelästerte verlängerte Werkbank ab, sondern bringt gediegene Eigenentwicklung ein. Österreich ist außerdem auch schon zum Kapitalexporteur geworden, viele Unternehmungen wurden im Ausland gegründet oder aufgekauft. Bei der Transformation von Massensparvermögen in Risikokapital ist ein wirklicher Durchbruch noch nicht gelungen.

Wieso haben wir kein Industriebürgertum?

Die zwei großen politischen Massenbewegungen haben sehr wenig Platz für die Entwicklung des klassischen Kapitalisten im westeuropäischen Sinn gelassen. Die große sozialdemokratische Massenbewegung der Arbeiter und Angestellten machte dies aus ihrem Selbstverständnis heraus nicht zu einem Anliegen. Die andere Massenbewegung, die christlich-soziale mit ihrer Basis in Kleinbürgertum und Bauernschaft, ist ebenfalls nicht gerade als Partei der offensiven Industrieinvestoren in die Geschichte eingegangen. Die wenigen, die sich dazwischen befanden, hat man teilweise vertrieben, sind gegangen oder haben sich angepaßt, von jenen paar Ausnahmen einmal abgesehen, die hervorzuheben sind. Aber das sind wirklich zu wenige.

Vielleicht liegt es an dieser geringen Bedeutung des österreichischen Industriebürgertums, daß Österreich als Land mit wenig Wettbewerb gilt. Die Nachrede der Wettbewerbsfeindlichkeit haben aber vor allem die Sozialdemokraten.

In Österreich ist in diesem Jahrhundert der in anderen Gesellschaften selbstverständliche kommerzielle Wettbewerb immer in irgendeiner Form reguliert gewesen. Es waren die Interessenvertretungen der Selbstständigen, die den Wettbewerb eher eingedämmt und unterbunden als gefördert haben. Daher wäre es eine historische Fehldarstellung, würde man den Ruf nach staatlicher Wettbewerbsbeschränkung nur der linken Seite des österreichischen politischen Spektrums zuschreiben. Nicht umsonst hat der Ökonom Helmut Frisch in einem seiner Standardwerke so ausführlich den geschützten Sektor und den exponierten Sektor der österreichischen Wirtschaft behandelt und zu Recht die große Bedeutung dieses geschützten Sektors beklagt. Der exponierte Sektor ist dem nationalen oder dem internationalen Wettbewerb ausgesetzt. Der geschützte Sektor war durch Wettbewerbsbeschränkungen und ein zünftlerisches Zulassungswesen, welches Konkurrenz nur in überschaubaren Hausherrenkategorien zuließ, davon abgeschottet.

Die Parteien dominieren nicht nur Verstaatlichte Industrie und Gemeinwirtschaft, sondern auch den öffentlich-rechtlichen Rundfunk, den ORF.

Beim ORF kann man sehr viele legitime Argumente für die Existenz eines öffentlich-rechtlichen Rundfunks mit Bildungsauftrag anführen. Eines der besten Argumente liefert das Programm der Privatsender täglich. Ein weiteres: Wer sollte den ORF als größten Kulturproduzenten und Kulturberichterstatter im Land ersetzen? Und wer sollte dem Prozeß der Banalisierung von Politik noch Hintergrundberichterstattung und eine ausreichende Zahl von Nachrichten entgegensetzen?

Unbestritten. Aber daß der ORF unter dem Einfluß der Parteien steht, ist keines dieser legitimen Argumente.

Ich glaube auch, daß man beim ORF weitere Schritte einer politischen Rationalisierung gehen sollte. Ich gehöre zwar nicht zu denen, die den totalen Rückzug der Vertreter verschiedener Weltanschauungen aus einem öffentlich-rechtlichen Rundfunk fordern, aber die Art und Weise, in der das Führungspersonal nominiert, letztendlich gewählt und installiert wird, führt einen noch keineswegs in ein Endstadium der Zufriedenheit.

Die Parteien betrachten den ORF als Gegengewicht zu den Printmedien, wo ihr Einfluß nach dem Sterben der Parteizeitungen vergleichsweise nicht mehr groß ist.

Er ist im Endeffekt im elektronischen Bereich nicht viel stärker, auch wenn manche so tun, als wären die Nachrichtensendungen bloße Verlautbarungsinstrumente der Parteisekretariate. Andererseits fallen mir aus dem Handgelenk fünf Zeitungen ein, die ohne staatliche Förderungen nicht lebensfähig wären. Ich habe einmal bei der »Los Angeles Times« von unserem System der Presseförderung erzählt. Ich erwähnte, daß bei uns der Staat den Zeitungen beachtliche Gelder zahlt. Darauf meinten meine Gesprächspartner, das sei eine gute Idee, da hätte ich immer eine gute Presse. Nein, sagte ich, da haben wir überhaupt keine gute Presse. Es ist auch wirklich schwer zu erklären.

Über Zeitungen wollen wir in einem gesonderten Kapitel sprechen. Bleiben wir noch im Bereich der öffentlichen

Wirtschaft, bei den Banken und Genossenschaften. Auch hier ist Österreich parteipolitisch schön aufgeteilt.

Da kann ich nur bitten, sich an die Österreichische Volkspartei zu wenden, wir haben so gut wie keine Genossenschaft, wo der Parteieneinfluß groß oder die Genossenschaft stark wäre. Jeder Raiffeisenlehrling muß ja in höhnisches Gelächter ausbrechen, wenn seine Genossenschaft mit dem Konsum verglichen wird. Bei den Banken kann ich nur über die der Republik nahestehenden reden. Die eine große, die Länderbank, ist mittlerweile mit einer großen Kommunalinstitution fusioniert worden, die andere große, die Creditanstalt, ist auf dem Weg, schrittweise via Kapitalmarkt in private Hände übergeführt zu werden. Bleibt noch die Postsparkasse, und die ist kein politischer Machtfaktor.

Das sind allerdings drei der größten Banken.

Sie sind aber wirklich kein politischer Machtfaktor.

Aber die Besetzung der Direktorenposten wird zumindest noch politisch vorgenommen?

Nicht mehr. Wenn sie politisch vorgenommen würde, hätten wir in der Creditanstalt nicht einen der ÖVP zurechenbaren Generaldirektor. Der CA-Generaldirektor wurde vom Aufsichtsrat der Creditanstalt bestellt. Niemand anderer als der Aufsichtsrat hat ein Vorstandsmitglied und daher auch einen Generaldirektor zu nominieren.

Ein anderes Thema. Die Politik verwendet zwar viel Energie auf die Betreuung der Medien, weniger aber auf die der Intellektuellen. Andererseits haben wir bei uns keinen Enzensberger, keinen Grass und keinen Habermas.

Solche Behauptungen bezeichne ich als typisches und falsches Österreich-Klischee! Selbstverständlich haben wir Künstler, Schriftsteller und Denker. Ich will hier keinen Namen nennen, weil jede Aufzählung unvollständig bleiben muß, aber ich kann Ihnen versichern, daß ich mich mit einer ganzen Reihe von ihnen regelmäßig zu sehr anregenden Gesprächen treffe.

Das mag für Sie als Person gelten, aber die Sozialdemokratische Partei leidet unter einem Defizit an intellektueller Ausstrahlungskraft. Wie ändert man diese Lage? Soll man sie ändern, wollen Sie sie ändern?

Man muß den offenen Dialog, das ehrliche Gespräch suchen, ohne sich dabei anzubiedern. Wer meint, er könne sich anbiedern, wird sofort eine bittere und berechtigte Abfuhr erleiden. Es empfiehlt sich zuerst eine Portion Unvoreingenommenheit. Man kann von niemandem, und schon gar nicht von Künstlern und Intellektuellen, Öffnung und Zuneigung erwarten, wenn man selber die geschlossene Auster bleiben will. Ich habe mich in dieser Ansicht bestätigt gefühlt, als sich der Schriftsteller Peter Turrini, der mir und meiner Partei in durchaus kritischer Distanz gegenübersteht, erfreut und fast erstaunt über meine Offenheit und Gesprächsbereitschaft zeigte. Offenheit darf keineswegs mit Standpunktlosigkeit verwechselt werden. Und sie setzt gerade bei einem Politiker das bewußte Eintreten für eine bestimmte Kunstrichtung, für einen bestimmten Künstler voraus. In diesem Sinn habe ich auch die erste gemeinsame Ausstellung des Wiener Aktionismus 1989 in Kassel eröffnet. Und in diesem Sinn bin ich auch mit einigen von jenen in Kontakt, die Österreich aus politischen Gründen verlassen mußten, wie etwa Billy Wilder oder Fred Zinnemann, die ich beide eingeladen habe, doch wieder nach Österreich zu kommen. Man muß mit dieser Offenheit selbstverständlich darauf gefaßt sein, daß bestimmte Sichtweisen nicht akzeptiert werden. Früher habe ich selbst geglaubt, bei jedem Gespräch müsse am Schluß ein zähl- oder wägbares Ergebnis vorliegen. Vielleicht wissen deshalb die meisten Politiker mit Querdenkern oder kritischen Geistern nichts anzufangen. Mir jedenfalls geht es so, daß ich oft gerade einen Abend als gelungen empfinde, der kontroversiell verläuft und von dem ich vielleicht etwas deprimiert weggehe. Jedenfalls aber ist ein Gespräch gelungen, nach dem der Gesprächspartner sagt, ich bin überhaupt nicht Ihrer Meinung, aber ich würde gerne mit Ihnen weiterreden.

Das beantwortet noch nicht die Frage nach der fehlenden Öffentlichkeitswirksamkeit der Intellektuellen.

In der tagespolitischen Diskussion sind wir stets mit etwas konfrontiert, was ich die Diktatur der Überschriften nennen möchte. Kaum einer kümmert sich um die Dinge unter der Oberfläche, kaum jemand fragt nach grundlegenden Strukturen. Das nimmt den Intellektuellen von vornherein Möglichkeiten der Wirkung. Außerdem haben sie die Neigung, ihre Haut zu Markte zu tragen, indem sie ohne Netz agieren und diskutieren. Eine politische Partei kann nicht erwarten, daß diese Menschen die Partei attraktiv finden, wenn sie sich ihnen nur mit einem Sicherheitsnetz nähert.

Trotzdem liegt hier der Schlüssel zur Frage: Soll Politik nur Show sein, oder muß sie auch Substanz haben? Wobei ein Entweder-Oder bei dieser Frage vermutlich nicht existiert.

Alles läuft auf eine Personalisierung und Veräußerlichung politischer Vorgänge hinaus. Über kurz oder lang wird man feststellen, daß man sich aber auch im politischen Tagesgeschehen auf dem Stand bewegt, wenn die intellektuelle Auffrischung fehlt. Man kann nur etwas vermitteln, was man hat. Also ist es lebensnotwendig für die Partei, einen Diskurs mit der Intelligenz aufrechtzuerhalten, weil sonst ihre Substanz abstirbt und sie nichts mehr zu vermitteln hat. Nur an die Front geschobene Politentertainer können substantiell nichts bewirken.

Politik braucht trotz aller Mitstreiter einen Staatsschauspieler – ich finde den Ausdruck gar nicht so schlecht –, der an der Spitze steht. Ohne etwas zu sein, kann auch ein Schauspieler nichts darstellen, das geht nicht.

Gegen einen Burgtheaterstar wie Gert Voss ist sicher nichts einzuwenden. Was kein Vergleich sein soll. Vor allem, da die Kunst des Staatsschauspielers nicht darin besteht, in wechselnden Rollen stets aufs neue zu brillieren, sondern die eine Rolle kompetent, verläßlich und mit Signalwirkung auszufüllen.

Sie gelten als die richtige Rollenbesetzung. Was bedeutet das für die Partei? Und was bedeutet das für Sie in der Partei?

Spitzenkandidaten sind immer vorrangig beworben worden. »Kreisky, wer sonst?« war beispielsweise 1975 der Slogan. Auch die Spitzenkandidaten der ÖVP wurden stets individuell und vorrangig beworben. Die Wahlwerbung für ein paar Wochen ist allerdings nicht zu verwechseln mit einem in sich konsistenten Parteiprogramm. Dennoch stellt sich in der Wahlwerbung ebenfalls die aktuelle Hauptaufgabe der Kommunikation. Es ist gar nicht so leicht, in der schlagwortfixierten Medienlandschaft Inhalte zu transportieren. Wenn eine Medienlandschaft so auf die Überschriften fixiert ist wie unsere, ergibt sich im Umkehrschluß, daß sie auf die Inhalte nicht fixiert ist. Bei Medien herrschen andere Gesetze, etwa das »Only bad news is good news«. Wenn man sich diesen Gesetzen eine Zeitlang beugt, fragen die Journalisten alsbald nach den Inhalten. Also genau jene, die zuerst nicht bereit sind, etwas inhaltlich zu diskutieren und durchaus auch zu kritisieren, rufen nach einer gewissen Zeit, sozusagen gelangweilt von jenem Mechanismus, den sie selbst in die Welt gesetzt haben, nach Inhalten.

Was bedeutet Ihre starke Stellung in der Öffentlichkeit parteiintern? Ersetzt Ihnen Ihre Popularität eine fehlende Hausmacht?

Was ist Hausmacht? Hausmacht ist das Vertrauen, das man in der Partei erringt. Ich weiß schon, das alte Hausmachtschema – ich komme aus dem Bezirk X oder aus der Gewerkschaft Y mit soundso vielen Mitgliedern, und in der Zahl dieser Mitglieder besteht meine Stärke – hat sicherlich noch eine gewisse Bedeutung. Größere Bedeutung hat es aber, Vertrauen nach innen und nach außen auszustrahlen und zu gewinnen. Ich glaube nicht, daß heute ein klassischer Hausmachtpolitiker mit wenig Überzeugungskraft auf die Dauer dazu imstande ist.

Angeblich vertrauen Sie in der Partei zu sehr auf Mechanismen, die Sie aus Ihrem früheren Berufsleben als Banker kennen. Sie geben einen Auftrag oder stellen eine Frage und lassen sich in zwei Wochen berichten. Das funktioniere in der Partei nicht so, versickere irgendwo und setze einfach diesen Apparat nicht adäquat in Bewegung.

Da kann schon etwas Wahres dran sein. Wenn man nach einer gewissen Zeit feststellt, daß es so nicht funktioniert, muß man sich umstellen. Es sind schon viele Drehbücher umgeschrieben worden, warum nicht auch dieses?

Es besteht Grund zur Annahme, daß Sie sich in Fragen der Motivation auf einem anderen Dampfer befinden als der Apparat.

Auch das bestreite ich gar nicht. Erst hat die Partei meine auf dem Linzer Parteitag eingebrachten Ideen betreffend Öffnung, Vorwahlsystem, Zulassen auch von Nichtparteimitgliedern im politischen Geschehen nur zögernd angenommen. Nachdem bei den Tiroler Gemeinderatswahlen und bei den Wahlen im Burgenland genau diese stärker personenbezogenen Mechanismen gezogen haben, werden sie nun akzeptiert.

In der Frage nach Bündnissen haben Sie sich gegenüber der Haider-FPÖ eindeutig deklariert, womit Sie sich, wie Kritiker einwenden, Handlungsspielraum nehmen. Mit der ÖVP befinden Sie sich in einer Koalition, egal, wie der Haussegen hängt, mal so, mal so, und den Grünen haben Sie stets deutliche Absagen erteilt. Ist das auf Dauer aufrechtzuerhalten?

Es gibt Konstellationen, in denen man sich nicht taktisch, sondern nur grundsätzlich zu entscheiden hat. Die spezifische Parteiführerkonstellation der FPÖ erfordert es, in diesem Fall nur grundsätzlich zu entscheiden. Selbst unter der Preisgabe anscheinend möglicher arithmetischer Vorteile, das ist so.

Wie steht es mit einer FPÖ ohne Haider?

Da ist alles offen.

Auch mit einer FPÖ mit Haider in einer zurückgezogenen Position, etwa als Kärntner Landeshauptmann, nicht aber als Parteivorsitzenden?

Es kommt auf den Einfluß Haiders auf die Partei an. Es wird sich konkret politisch fassen lassen, ob dieser Einfluß bestimmend ist oder nicht, was nicht zuletzt davon abhängt, wer an seiner Statt Parteivorsitzende oder -vorsitzender wird.

Von Kennern Ihrer Person wurde und wird immer wieder gerne behauptet, Sie wären eigentlich der ideale

Parteiführer einer in Österreich nicht existierenden liberalen Partei.

Mit dieser Definition kann ich recht wenig anfangen. Gott sei Dank habe ich sie selbst noch nicht gehört.

Hinsichtlich Rot-Grün scheint die Lage doch etwas komplizierter zu sein. Sie berufen sich etwa auf Leute wie Gorz und Glotz und verschiedene andere, die ein solches Bündnis propagieren ...

Grüne Ideen machen noch keine grüne Partei!

... sprechen sich aber strikt gegen ein rot-grünes Bündnis aus, obwohl nach Umfragen mitunter dieses Bündnis über fünfzig Prozent läge und obwohl sich solche Bündnisse auf kommunaler Ebene auch bei uns abzeichnen.

Dem ist auch auf kommunaler Ebene gar nichts entgegenzusetzen. Ich erkenne aber für bundespolitische Zusammenarbeit in Form eines Regierungsbündnisses bei den Grünen noch zuwenig an Organisations- und Paktsubstanz.

Das klingt schon etwas milder als Ihre Abgrenzungen vor drei, vier Jahren.

Wahrscheinlich ist es das zunehmende Lebensalter, das einen milder macht. Im Ernst: Ich mache gar kein Hehl daraus, daß die Sozialdemokratie so manche heute für sie selbstverständliche Inhalte aus der Grünbewegung geschöpft hat. Andererseits waren viele Grüne in irgendeiner Weise ehemals sozialistisch orientiert. Aber zwischen dieser Feststellung und einem Bündnis für eine Bundesregierung liegen noch Welten.

Wobei bei der Erringung einer kulturellen Hegemonie eine Abgeschlossenheit gegenüber den Grünen für die SPÖ sicher problematisch ist. Gerade an diesen Bruchlinien, an diesen Rändern könnte doch Spannendes stattfinden.

Die nicht gegebene Möglichkeit eines Regierungsbündnisses bedeutet ihrerseits wieder keineswegs Abgeschlossenheit.

Zeitungen: die Diktatur der Überschriften

Medien werden, wie man sagt, zur Vierten Gewalt, auf der anderen Seite sind die Medien eine Agentur der Entpolitisierung, der Ersatzpolitisierung.

Auf die Entpolitisierung folgt eine neue Art der Politisierung. Die Auseinandersetzung verläuft nicht mehr nur zwischen Medien und Politik, sondern auch zwischen den Medien selbst.

Bei diesen Kämpfen zwischen Boulevard-Tycoons untereinander und gemeinsam gegen den ORF kann man nicht einmal sicher sein, wie sehr sie nur Obsessionen aufgrund von Feindschaften zwischen einzelnen Herren sind. Manchmal fragt man sich, wozu neben Nackten, Mord, Sport und Kochrezepten der Boulevard-Konsument Politik überhaupt braucht. Allerdings scheint ein gewisser hetzerischer Ton, die sogenannte »Politiker-Hatz«, tatsächlich das Geschäft zu fördern.

Auch wenn die Feststellung durchaus berechtigt ist, halte ich dennoch eine so undifferenzierte Verunglimpfung der Zeitungsleser für wenig zielführend. Häufig tritt dort, wo das politische Argument ausbleibt, wo die politische Substanz nachläßt oder gänzlich fehlt, der vorwiegend ins Persönliche gehende Angriff oder die verbale Radikalisierung ein. Schauen Sie einmal die Sprache so mancher Star-Kolumnisten an. Sie führen zwar einen Kampf gegen Politik, gegen Politiker und gegen andere Medien. Aber ihre Wortwahl ist vollkommen eindeutig. Es wird nicht einfach Meinung zum Ausdruck gebracht, sondern sie tritt gegenüber einer besonderen Verrohung der Sprache zurück, sodaß die Verrohung selbst zum eigentlichen Inhalt wird. Damit ist eine gewisse Parallele zu den inhaltsschwachen oder inhaltslosen populistischen Teilnehmern an der politischen Auseinandersetzung gegeben. Denn diese Verrohung in der Sprache findet sich natürlich bei Rechtspopulisten und mit Saalwächtern agierenden Versammlungsrednern genauso.

Die Politik muß sich die Frage stellen, wie sie mit dem Boulevard zurechtkommt, denn die sogenannten Qualitätszeitungen bleiben unter der Wahrnehmungsgrenze. Die vier größten Blätter des Landes sind Boulevardzeitungen. Ich erinnere an das Jahr 1987. Bei steigender Arbeitslosigkeit stand die von Ihrer Regierung eingeleitete Budgetkonsolidierung mit ihren Sparnotwendigkeiten auf dem Programm. Gleichzeitig brachte die größte Zeitung des Landes und reichweitenmäßig relativ weitestverbreitete Zeitung der Welt, die »Kronen Zeitung«, eine Kampagne gegen sogenannte Sozialschmarotzer. Wie kann man in so einem Umfeld überhaupt eine offensive Sozialpolitik vertreten oder steigende Ausländerbeschäftigungszahlen, die, wie jeder weiß, notwendig sind? Sie selbst müssen befürchten, wenn Sie offensiv dagegen Stellung nehmen, daß die Kampagne noch intensiviert wird und Sie selber als politischer Gegner der Medien enden.

Enden wäre ein treffender Ausdruck. Ich sehe die Sache wie jede andere politische Auseinandersetzung auch. Man muß Kompromißbereitschaft einbringen, die aber dort ihre Grenzen findet, wo es um das Grundsätzliche geht. Sie haben mir eine Einengung der politischen Spielräume aufgrund meiner klaren Abgrenzung gegenüber der Haider-FPÖ vorgehalten. Ich könnte nun den sogenannten politischen Spielraum erweitern, indem ich diese Abgrenzung aufgebe. Dann hätte ich sehr rasch die Haidersympathisanten wenn nicht für, so wenigstens nicht gegen mich. Trotzdem tue ich es nicht. Ich kann es, ich will es nicht tun.

Von der »Kronen Zeitung« haben Sie sich öffentlich nur in einem Fall distanziert, als viele Kritiker einen Artikel eines ihrer Kolumnisten als Verharmlosung des industriellen Tötens in den Konzentrationslagern empfanden. Sonst wahren Sie eher ruhige Distanz. Kann man es sich als Bundeskanzler in Österreich nicht leisten, sich gegen das Kulturphänomen »Kronen Zeitung« deutlich auszusprechen?

Wenn dieses Kulturphänomen, wie Sie es nennen, auf eine einzelne Zeitung beschränkt bliebe, täte ich mir leichter. Die Überschriftengesellschaft mit ihrem Druck zu Simplifizierung und Personalisierung, Lagermentalität und Populismus reicht aber bis in die Welt so manchen sogenannten Qualitätsblattes hinein.

Hans Dichand, Mehrheitseigentümer und Herausgeber der »Kronen Zeitung«, ist einer der Mächtigen im Land. Er gibt auch im Mediaprint-Konzern den Ton an, der die beiden größten Zeitungen des Landes, die wichtigsten Magazine, Druckereien und einen Vertrieb umfaßt. Reden Sie mit ihm?

Ja.

Regelmäßig?

Ja, in größeren Intervallen.

Sind das politische Gespräche?

Es sind politische Gespräche, es sind Gespräche über Themen der Zeit.

Behandeln Sie ihn wie den Führer einer politischen Macht in Österreich?

So weit fortgeschritten ist meine Auffassung von der Vierten Gewalt noch nicht; er würde es jedenfalls ganz sicher ablehnen, wenn ich unsere Gespräche so bezeichnen würde. Er sieht sich ja nur als Zeitungsmacher. Und ich spreche mit ihm als solchem. Als dem Macher der größten Tageszeitung Österreichs.

Er besitzt keine Macht, er spielt lieber mit seinem Hund.

Er hat einen Hund?

Mit Macht kann ich nichts anfangen, hat er gesagt, ich gehe lieber nach Hause und spiele mit meinem Hund. Aber ernsthaft: Finden Sie nicht, daß Ihre Medienpolitik die bestehende Situation allzu resignativ hinnimmt, weil sie sich mit dieser Vierten Gewalt nicht anlegen will?

Nehmen wir das Beispiel Presseförderung: Wir können uns ausrechnen, daß mit einer Einstellung der Presseförderung mehrere Tageszeitungen in Existenzkrisen kämen. Daher lautet die Alternative zur Presseförderung in der Endabrechnung, noch weniger Tageszeitungen in Österreich zu haben. Österreich hat bereits heute bedeutend weniger Tageszeitungstitel als die Schweiz, ein Wegfall der Presseförderung würde die konzentrierte Medienmacht noch weiter stärken. Wahrscheinlich werden uns ein paar Leute vorwerfen, wir hätten zugelassen, daß sich der Mediaprint-Konzern bilden konnte. Zum einen gab es realistisch gesehen kaum Möglichkeiten, dessen Zustandekommen zu verhindern. Zum anderen ist ja die größte Zeitung des Landes und die größte Zeitung im Mediaprintbereich, die »Kronen Zeitung«, schon vorher die größte Zeitung des Landes gewesen und hat schon vorher ihre dominante Stellung im Markt eingenommen, sodaß niemand sagen kann, die führende Rolle der »Kronen Zeitung« sei durch die Gründung des Mediaprint-Konzerns hergestellt und herbeigeführt worden.

Das nicht. Hans Dichand hat ja eine österreichische Lösung gesucht, um seinen damaligen Partner Kurt Falk auszuzahlen, und er hat sie mit österreichischen Banken nicht zustande gebracht. Was einigermaßen seltsam anmutet, weil die »Kronen Zeitung« zu diesem Zeitpunkt als Unternehmen nicht schlecht dastand. Sie hat zur Zeit dieser Verhandlungen etwa 600 Millionen Schilling Jahresgewinn ausgewiesen.

Ist Ihre Kritik an die Medienpolitik oder an die österreichischen Banken adressiert?

Wenn es nur eine Bankenentscheidung war, natürlich an die Banken. Die Kritik an der Politik ist die, daß man eine ausländische Beteiligung wie die 45prozentige der deutschen WAZ an der Mediaprint in dieser Höhe überhaupt zuläßt. Die »Kronen Zeitung« hat schließlich keine Kapitalspritze gebraucht, Hans Dichand brauchte Kapital, um Herrn Falk auszuzahlen. Die BRD-Medien-Konzerne sind nach Österreich ausgewichen, weil ihnen zu Hause ihr eigenes Kartellrecht im Weg stand. Die Absage der österreichischen Banken hat dann Dichand gezwungen, ans Ausland zu verkaufen.

Ich war nicht als Verhandler involviert, aber ich war natürlich interessiert am Zustandekommen einer österreichischen Lösung. Durch mehrere Monate hindurch wurden die Möglichkeiten geprüft, letztendlich hat man sich doch nicht dazu entschlossen, ich nehme an, aus Risikogründen. Mit der »Kronen Zeitung« war eine relativ große Zahl österreichischer Bankinstitute beschäftigt. Ich habe natürlich von seiten der Bundesregierung keine Möglichkeit gesehen, auf sie in irgendeiner Weise Druck auszuüben. Es wäre überhaupt problematisch, so etwas zu tun. Was das Fehlen einer kartellrechtlichen Regelung betrifft, so sehen Sie, daß jetzt, also etliche Jahre danach, die Neuformulierung des österreichischen Kartellrechts, weit über den Medienbereich hinausgehend, dem Justizminister immense Schwierigkeiten bereitet. Auch dies ist im Zusammenhang mit der von mir formulierten Alternative »Öffnung oder Provinz« zu sehen. Man stößt mitunter auf recht merkwürdige Auffassungen, die in der österreichischen Wirtschaft über Themen wie Konkurrenz, Markt und Absicherung vorhanden sind. Medienexistenz, Medienvielfalt ist im übrigen gleichzusetzen mit Verfügbarkeit über Kapital. Wir haben über die Presseförderung durch die öffentliche Hand in Wirklichkeit Kapitalverfügbarkeit simuliert, was zur Folge hat, daß in einer Zeit, in der die Pragmatisierung, also die Unkündbarstellung von öffentlich Bediensteten, kritisch betrachtet wird, sich so etwas entwickelt wie pragmatisierte Zeitungen.

Ich unterstelle, daß hier aus Angst, sich mit Medienmacht anzulegen, eine Struktur aufrechterhalten wird, die in der Verstaatlichten nie und nimmer mehr zulässig wäre.

Stimmen wir darin überein, daß andernfalls etliche Zeitungen verschwinden würden?

Ja. Wahrscheinlich müßte man analog zur Verstaatlichten überlegen, wo es sinnvolle Sanierungsmöglichkeiten gibt, welche Produkte überhaupt eine sinnvolle Basis oder eine Perspektive haben.

Sie kämen dabei um den Punkt nicht herum, an dem die Regierung oder das Parlament die Qualität eines zu fördernden Zeitungskonzepts zu werten hat. Ich sehe nicht, wie man das gerecht machen kann und soll. Ganz abgesehen davon, daß die Zeitungen – im Unterschied zur Verstaatlichten – dem Staat nicht gehören.

Aber Sie müssen ja ein Unternehmenskonzept auch bewerten lassen.

Das geschriebene Wort ist doch offenkundig nicht mit irgendwelchen komplizierten Industrieprodukten zu vergleichen. Die Sensibilitäten sind zu hoch. Jene politische Instanz, die letztendlich zu entscheiden hätte, die über die Güte eines solchen Zeitungsprojektes befinden müßte, hätte eine sehr starke inhaltliche Wertung eines politischen Projekts vorzunehmen. Vielleicht ist der Vergleich zu gewagt, aber wenn wir von den Medien als der neuen Gewalt im Staat sprechen, wäre es ja fast so, als würden die bestehenden Parteien bewerten, ob eine andere Partei – ich übertreibe das jetzt – ein ihnen genehmes politisches Konzept vorweist.

Ich glaube doch, daß es Möglichkeiten gäbe, Relationen herzustellen zwischen dem wirtschaftlichen Part eines Mediums, der sich wohl, und dem inhaltlichen, der sich viel schwerer bewerten läßt.

Die Schwäche der derzeitigen Presseförderung besteht ganz offensichtlich darin, daß die Einzelzeitung, die mit der Presseförderung überlebt, ihre hauptsächlichen Überlegungen nicht auf ihren Markt konzentriert, sondern darauf, rechtzeitig bei den Politikern zu sein und nachzufragen, ob es heuer wieder Presseförderung gibt. Das ist sicherlich eine Schwäche, aber, wie gesagt, ich sehe keine Alternative. Drei bis vier Tageszeitungen würden sofort vom Markt verschwinden.

Jedenfalls setzt sich der oft und auch hier beklagte Konzentrationsprozeß fort und verstärkt sich naturgemäß. Läge nicht trotz allem eine Alternative in einem Kartellrecht, auch mit Entflechtungsbestimmungen, denn darin bestand ja immer der Sinn von Kartellgesetzen? Sonst ist der Konzentrationsprozeß nicht zu stoppen, die Medienlandschaft verödet vollends.

Ich sage nicht, daß der Punkt der Glückseligkeit erreicht ist. Aber sind es allein die Eigentums- und Kapitalverhältnisse, die zur Öde hinführen? Es ist ja interessant, daß die absolut nicht rechts orientierten Leute immer mehr zu marktwirtschaftlichen Überzeugungen gelangen. Wieso aber, wenn wir von hohen moralischen und ethischen Ansprüchen ausgehen, erfolgen so wenige Bemühungen, in eine wirtschaftliche Situation zu gelangen, wo die Inanspruchnahme der Presseförderung überflüssig wird? Ist es nicht so, daß die meisten Zeitungen aus zwei wasserdichten Zellen bestehen, die offensichtlich miteinander nichts zu tun haben wollen: dem Herausgeber mit allen betriebswirtschaftlichen Problemen und der Redaktion, die von diesen Problemen nicht berührt wird? Wenn ich einem Journalisten, der der Regierung immer vorwirft, zuwenig effizient zu sein, sage: »Na bitte, seien einmal Sie effizient in Ihrer Zeitung!«, antwortet er: »Das geht mich überhaupt nichts an. Ich bin nicht in der Etage des Herausgebers.« Eine der Forderungen muß deshalb sein, diese zwei voneinander offensichtlich isolierten Zellen zu einer gemeinsamen zu machen, das kann in Wirklichkeit kein Zeitungseigentümer auf die Dauer treiben lassen.

Die Qualität des Journalismus besteht natürlich in seiner Unabhängigkeit, und wenn man die trennende Zellentür aufmacht, sinkt diese Qualität.

Jetzt habe ich Sie erwischt!

Wieso?

Jetzt geben Sie mir zu, daß eine Zeitung ein Wirtschaftsunternehmen ist und als solches zu leben hat, was ein sehr prekäres Gleichgewicht heraufbeschwört.

Sie haben recht. Die journalistischen Freiräume im jeweiligen ökonomischen Konzept und dieses Konzept stellen einander wechselseitig oft genug in Frage. Auch die Journalisten haben sicher einen gewissen Anteil an den Problemen unserer Presse. Aber, selbst wenn sie noch so gutwillig wären, die Struktur des Marktes könnten auch sie nicht ändern. Er läuft einfach auf die demokratiepolitisch bedenkliche Monopolisierung hinaus.

Ich sehe die Gefahren, finde aber bei den gegebenen Alternativen nicht wirklich eine gerechte Lösung. Mein Interesse an Medien besteht nicht zuletzt darin, daß eine moderne Gesellschaft kritikfähige Bürger braucht. Dazu bedürfen diese adäquater Informationen über ihre Gesellschaft, ihr Land, ihren Staat. Es ist betrüblich, daß es in Österreich kaum eine Tages- oder Wochenzeitung gibt, die mit der »Frankfurter Allgemeinen Zeitung«, der »Süddeutschen Zeitung«, der »Neuen Zürcher Zeitung«, der »International Herald Tribune« oder der »Zeit« vergleichbar wäre.

Was nervt Sie als Leser an österreichischen Zeitungen?

Daß sie nur in geringem Umfang Diskussionsplattformen sind, daß sie in erster Linie Meinungsunterschiede konstatieren, aber nicht um der Sache, sondern in erster Linie um des Konflikts willen. Die Kontroverse gilt als politischer Wert an sich. Daß sie sich kaum je die Mühe nehmen, abzuwägen, zu werten, begründet zu urteilen. Letzteres kommt ja bei uns besonders selten vor. Das bedaure ich, da gefallen mir die erwähnten ausländischen Beispiele besser.

Die andere Seite des Politikers: Franz Vranitzky persönlich

Ein Kenner Ihrer Person hat die Diagnose gestellt, es fehle Ihnen Machtwille und Killerinstinkt. In der Politik müsse man lügen und erpressen und täuschen, um die Leute dazu zu bringen, zu tun, was sie nicht wollen. Das wenigste, was man in der Politik tun müsse, sei überzeugen, meint er, und in diesem Sinn seien Sie kein Politiker.

Vielleicht sind wirklich manche der Auffassung, Killerinstinkt, Erpressung und Intrige gehörten zum Handwerkszeug von Politikern. Ich bin jedenfalls ganz gut ohne all das ausgekommen. Nicht jedoch ohne Überzeugungskraft, und die werde ich sicherlich weiterhin soviel wie möglich investieren.

Man macht Ihnen auch den Vorwurf der Konfliktscheu. Positiv ausgedrückt meint das Ihr Auftreten, welches das politische Klima auch durchaus mäßigt, negativ ausgedrückt verzögern sich dadurch mitunter Entscheidungen, oder Sie weichen Konflikten aus.

Konflikten, die für die Republik wichtig sind, stelle ich mich. Unwichtige Konflikte ignoriere ich. Entscheidungen, die ich für unser Land für richtig halte, treffe ich nach bestem Wissen und Gewissen. Entscheidungen, die für unser Land schädlich sind, unterlasse ich nach bestem Wissen und Gewissen. Schädliche Entscheidungen nicht zu treffen ist nicht Zögern, sondern heißt, Unsinn zu vermeiden. Für Unsinn bin ich nicht zu haben. Da wir in keinem Land mit Maulkörben leben und auch nicht leben wollen, gehört bei stark divergierenden Meinungsäußerungen das Mäßigen und Ausgleichen zu den wichtigsten Fähigkeiten eines Regierungschefs. Unterließe ich dieses Mäßigen, hätten wir sehr bald die innenpolitische Libanonisierung. Diese nicht entstehen zu lassen, halte ich für ein essentielles Ziel meiner Politik.

Wollten Sie einen gemeinsamen Kandidaten der beiden großen Parteien für die Bundespräsidentschaftswahl? Auf dem SPÖ-Parteitag 1991 haben Sie gesagt, ein gemeinsamer Kandidat sei für Sie nicht undenkbar, wobei natürlich ein eigener Kandidat Vorrang habe. Wollten Sie den harmonischen Weg gehen, und die Partei hat auf einem eigenen Kandidaten bestanden?

Das ist eine unrichtige Interpretation. Viele waren mit mir einer Meinung – es gibt auch welche, die erst im nachhinein dieser Meinung waren, aber um die kümmern wir uns heute nicht –, daß ein gemeinsamer Kandidat in einer Koalitionsregierung etwas für sich hätte. Er hätte als Person dem Gemeinsamkeitsgedanken allerdings hundertprozentig entsprechen müssen. Hugo Portisch, der meiner Auffassung nach diesem Gedanken entsprach, war für eine Kandidatur nicht zu gewinnen. Angeblich wäre die Österreichische Volkspartei auch mit einem gemeinsamen Kandidaten namens Vranitzky einverstanden gewesen. Obwohl das nie wirklich bestätigt wurde, wäre dieser ohnehin angesichts der übernommenen Aufgaben als Regierungschef und Parteivorsitzender nicht zur Verfügung gestanden. Aus den gleichen Überlegungen übrigens auch nicht als Kandidat der Sozialdemokraten. Eine kleine Gruppe innerhalb der Partei hatte diesen Vorschlag an mich herangetragen. Eher nach als vor der Präsidentenwahl wurde auch die Option eines gemeinsamen Kandidaten Thomas Klestil erörtert. Trotz des überzeugenden Wahlsiegs Klestils und ohne Seitenhieb auf den heutigen Bundespräsidenten sehe ich es auch im nachhinein als richtig an, den CV- und ÖVP-Mann Klestil meiner Partei nicht als gemeinsamen Kandidaten vorgeschlagen zu haben. Nachdem sich die Gespräche mit Portisch zerschlagen hatten und ein gemeinsamer Kandidat aus einer der beiden Parteien nicht genügend Akzeptanz gefunden hätte, schlug ich Rudolf Streicher als Kandidaten der SPÖ vor. Ein gewisses Aufatmen ging daraufhin durch die Partei, denn die überwiegende Mehrheit wollte ohnehin lieber einen »eigenen« als einen Gemeinschaftskandidaten. Erstens aus dem Selbstbewußtsein der Partei heraus, zweitens aus demokratiepolitischen Gründen. Da man im nachhinein alles besser weiß, wurde später von Teilen der Partei und den Medien die Nominierung Streichers kritisiert. Diese Kritik ist überaus unfair, denn Streicher lag in den Meinungsumfragen eindeutig vorn. In der »Nominierungssitzung« des Bundesparteivorstandes erfolgte die Zustimmung per Akklamation in Form einer langanhaltenden Standing Ovation. Zahlreiche Medienvertreter ergingen sich darüber hinaus in ausführlichen Darlegungen, daß Streicher, Klestil und Schmidt würdige und herzeigbare Kandidaten wären. Abgesehen von all dem bleibt die Frage nach einer aussichtsreichen Alternative zu Streicher offen. Daß im Wahlkampf, der zunächst von einem sich als sträflich herausstellenden Sicherheitsgefühl und nach dem ersten Wahlgang von Niedergeschlagenheit geprägt war, unser Kandidat nicht durchgebracht werden konnte, ist bekannt.

Es wird Ihnen auch angekreidet, Sie hätten zuwenig machtpolitischen Instinkt für das Spiel um die Machtpositionen. Das Motto: »Das ist unser Job, und da gehört unser Mann rein, egal, wie« scheint Sie nicht zu freuen. Sie nehmen lieber den besser Qualifizierten.

Qualifikation kann nicht in Disqualifikation umschlagen. Ich weiß, daß manche mir ankreiden, ich hätte zugelassen, daß der CA-Generaldirektor vom Aufsichtsrat nominiert wird und nicht von der Politik. Da muß man schon deutliche Fragen stellen: Bewegen wir uns in normalen Verhältnissen, wo in Aktiengesellschaften der Aufsichtsrat den Vorsitzenden bestellt, oder nicht? Wollen wir ein freies marktwirtschaftliches Bankwesen ohne politische Einflüsse, oder wollen wir eines mit politischen Einflüssen? Wenn wir eines mit politischen Einflüssen wollen, sage ich dem Finanzminister: Verkaufe keine einzige Aktie mehr, kaufe vielleicht welche zu, dann haben wir eine sozialdemokratische Mehrheit im Aufsichtsrat, und die Mehrheit wird eben einen sozialdemokratischen Generaldirektor bestellen. Ich ziehe es vor, den Weg einer normalen, modernen, demokratischen Gesellschaft zu gehen.

Das wird Ihnen aber parteiintern angekreidet, denn laufend gehen Posten für die Partei verloren. Etwa der Rechnungshofpräsident oder der der Nationalbank.

Darauf habe ich schon gewartet. Die SPÖ hat noch nie in der Geschichte der Nationalbank – auch nicht in dreizehn Jahrer absoluter Mehrheit im Nationalrat – einen Präsidentenposten besetzt, also kann er ihr nicht verlorengegangen sein. Die Medien haben zunächst Hellmuth Klauhs und dann Maria Schaumayer als gute Fachleute begrüßt, nach ein paar Monaten aber schrieben sie, Vranitzky habe sich nicht durchgesetzt, weil es sich bei den besagten Nominierungen um keine Sozialdemokraten handelt. Solche Haken werden meist von Leuten geschlagen, die mit Leidenschaft Parteinominierungen geißeln, freilich nur, wenn sie von der SPÖ ausgehen. Der Rechnungshofpräsident wird im Parlament gewählt. Da hat es sich eben gezeigt, daß durch eine vielleicht zu vertrauensselige Einstellung unserer Verhandler gegenüber denen der Volkspartei kein gemeinsamer Kandidat möglich war. In einer Kampfabstimmung hat sich die Mehrheit durchgesetzt, die sogenannte Objektivierung blieb auf der Strecke.

Von diesen Vorgängen abgesehen und ohne sie werten zu wollen, herrscht doch die Meinung, Kreisky wäre das nicht passiert, der hat seinerzeit Androsch in die Creditanstalt hineingedrückt, und jetzt sitzt ein »Schwarzer« dort.

Über die Nominierung von CA-Generaldirektoren haben wir schon kurz gesprochen. Dem, der wirklich so etwas sagt, kann ich nur entgegenhalten, der einzige Mensch, der es möglich gemacht hat, daß Androsch in die Creditanstalt kam, heißt Vranitzky. Wenn ich dort meinen Platz damals nicht geräumt hätte, hätte Kreisky kopfstehen können, und Androsch wäre nicht in den Vorstand der Bank eingerückt. Bei dieser Gelegenheit ein

Stück innenpolitische Geschichte und auch Parteigeschichte: Der damalige Bundeskanzler Dr. Kreisky hat Anfang der achtziger Jahre mit seinem langjährigen Vizekanzler und Finanzminister Dr. Hannes Androsch offensichtlich nicht mehr zusammenarbeiten können oder wollen. Daher reifte offensichtlich – ich war ja nicht dabei – der Plan, daß Androsch in den Vorstand der Creditanstalt überwechseln solle. Gleichzeitig gab es aber in der Österreichischen Länderbank ein Vorstandsproblem zu lösen. Auf irgendeinem Feldherrenhügel ist man also zu dem Schluß gekommen, daß Vranitzky von der CA in die Länderbank wechseln und Androsch den Platz des Vranitzky, der damals Generaldirektorstellvertreter in der CA war, einnehmen solle. Die bemerkenswerte zusätzliche Facette: Mich, den wohl nicht ganz unbeteiligten Adressaten, verständigte niemand aus der Bank, Regierung oder Partei, sondern die Mitteilung, daß es dieses Revirement geben solle, erhielt ich von Friedrich Peter.

War Peter ein Aufsichtsrat der CA?

Nein. Er war Obmann der Freiheitlichen Partei. An einem Weltspartag habe ich als Generaldirektorstellvertreter der Creditanstalt Herrn Peter feierlich durch die Kassenhalle geführt und ihm die Weltspartagsausstellung gezeigt. Plötzlich sagt er zu mir: »Na, Sie werden ja nicht mehr lange da sein«. So erfuhr ich's also. Wenn jetzt werte Genossen oder andere meinen, Kreisky habe Androsch in die Creditanstalt hineingedrückt, ist ihnen zu sagen, ich hätte nicht aus der Creditanstalt weggehen müssen. Die Creditanstalt war zu der Zeit untadelig und die Länderbank angeschlagen. Aus welchen vernünftigen

Gründen hätte ich von der CA weggehen sollen, wenn ich nicht meinem Vorvorgänger als Kanzler eine große Last abzunehmen bereit gewesen wäre? Ich habe mir außerdem eingehandelt, mit den Mitarbeitern des Finanzministers Salcher beachtliche Sträuße ausfechten zu müssen, um die Länderbanksanierung bewerkstelligen zu können. Wer also, wie ich, durch so viele Prüfungen, Erlebnisse und Erfahrungen gegangen ist, den beeindrucken die Zurufe all jener Genossen nicht, die sie aus sicheren Logen machen.

Sind Sie denn jemals gefragt worden, ob Sie überhaupt in die Länderbank wollen?

Der Aufsichtsratsvorsitzende der Länderbank hat mich angerufen und hat gesagt: »Was ist, kommst?«

Es gab keinen Kontakt mit Kreisky?

Überhaupt nicht. Der damalige Gewerkschaftspräsident Anton Benya war der einzige SP-Spitzenpolitiker, der mich darauf ansprach und nach von mir getroffener Entscheidung murmelte, das sei eine sehr anständige Tat gewesen. Ich bin in der Länderbank mit offenen Armen aufgenommen worden, alle haben sich über meinen Einzug sehr gefreut, und ich habe dort – ein romantisch veranlagter Mensch würde sagen – sehr viel Herzblut gelassen. Diese Führungsaufgabe war mir zu einem sehr großen persönlichen Anliegen geworden. Wieso in der Leitung dieses Hauses nicht schon früher Veränderungen vorgenommen wurden, wissen wohl nur die dafür Verantwortlichen.

Sie haben einmal gesagt, das vermittelnde Element, das Vokabular sei in der Politik das wichtigste. Das ist ein wörtliches Zitat von Ihnen. Bleiben Sie dabei? Wenn ja, muß man das so verstehen, daß dieses Element wichtiger als die Sache selber ist?

Nein. Sicherlich nicht wichtiger als die Sache selber. Aber es gehört zur Führungsaufgabe des Regierungschefs, immer wieder den Konsens herbeizuführen, gerade auch wenn, wie beispielsweise in der Außenpolitik, zwischen dem Koalitionspartner und mir divergierende Ansichten herrschen. Außenpolitik kann gegenüber dem Ausland nicht zwei- oder viersprachig sein. Trotz allen Ausgleichens darf aber das politische Ziel dabei nicht preisgegeben werden.

Divergierende Ansichten gibt es auch in der SPÖ, etwa zwischen Bundes- und Wiener Partei, die ganz offensichtlich nicht immer auf Ihrer Linie zu finden ist. Kann man gegen die SPÖ Wien überhaupt eine Parteireform weiterbringen?

Die Wiener Sozialdemokratie ist eine große und stolze Bewegung, die Wien zu einer modernen, lebens- und liebenswerten Stadt gemacht hat. Die SPÖ hat aber bei den letzten Gemeinderatswahlen und auch bei den Bundespräsidentenwahlen für ihre Verhältnisse nicht besonders gut abgeschnitten. Das zeigt, daß die Parteireform natürlich auch die Landes- und Bezirksebene erfassen muß. Wien besteht bekanntlich aus 23 Bezirken, die in ihrer Größe mit mittleren und kleinen Städten vergleichbar sind. Allein deshalb gibt es in Wien eine abwechslungsreiche und anregende politische Landschaft, weil viele

Bezirke, und die dortigen Organisationen der SPÖ, eigenständige Auffassungen zu bestimmten Angelegenheiten haben. Was die Parteireform betrifft, hat die Bundespartei, in der die Landesorganisationen ja auch vertreten sind, Grundsätze festgelegt. Sie hat den Landesorganisationen dabei gewisse Freiräume gelassen, damit diese ihre Spezifika in die Reform einbringen können. Die Wiener Landespartei ist ein mächtiger Faktor, ihre Ergebnisse sind ausschlaggebend für Bundeswahlergebnisse. Darum ist es besonders wichtig, daß gerade dieses Zusammenspiel zwischen Bundespartei und Wiener Partei, auch in bezug auf die Parteireform, bestmöglich funktioniert. Bisher hat es funktioniert. Ich gehe davon aus, daß es auch in der Zukunft funktionieren wird. Wenn es da und dort Diskussionsbedarf gibt, so wird dieser Bedarf zweifellos gedeckt werden.

Es gibt deutliche Risse in der SPÖ, es gibt immer wieder Spitzen gegen Sie, im Vorzimmer des Bundeskanzlers werde zuviel politisches Kokain geschnupft, konnte man vom Bürgermeister hören.

In meinem Vorzimmer sind alle clean. Wenn geschnupft wird, dann höchstens in Grippemonaten.

Bei der letzten Gemeinderatswahl war erstmals der Anteil der Nichtwähler an der Gesamtwählerschaft größer als der Anteil der SPÖ-Wähler. Die Bundespräsidentschaftswahl war dann schlichtweg eine Katastrophe, was Wien betrifft. Auf Parteiebene hat es auch nicht an gegenseitigen Schuldzuweisungen gefehlt. Die Wiener haben behauptet, sowohl der Bundeskanzler als auch der

Spitzenkandidat hätten sie allein gelassen; die Partei ihrerseits hat gefragt: Na bitte, wo war der Wiener Wahlkampf? Ein harmonisches Zusammenleben mit der mächtigsten Landesorganisation stelle ich mir anders vor.

In den Wahlkämpfen der Jahre 1986 und 1990 hat die Zusammenarbeit sehr gut funktioniert. Wir haben damals in Wien auch sehr gut abgeschnitten. Ich sehe keine Diskrepanz zwischen Bundespartei und Landespartei oder zwischen Bundesparteivorsitzendem und Landesparteivorsitzendem in wirklich entscheidenden Angelegenheiten. Gelegentlichem Aufbrausen folgt sehr rasch die Entspannung.

Wieder zurück zu unmittelbar persönlichen Fragen. Ihr Vater war Antifaschist und zeitweise bei der KPÖ. Ich habe gelesen, er habe Sie kritisiert und gesagt, zu Rechten wie Kreisky und Androsch gehe man nicht. Was haben Sie ihm geantwortet?

Es gab wirklich eine gewisse Zeit hindurch eine solche Diskussion zwischen meinem Vater und mir. Ich habe ihm vieles geantwortet, was auch in diesem Buch steht. Ich habe das damals sicher anders formuliert und möglicherweise mit anderen persönlichen Erfahrungswerten untermauert. Aber im großen und ganzen habe ich ihm gesagt, daß ich Sozialdemokratie als etwas verstehen möchte, das sich gegenüber dem linken Rand deutlich abgrenzt und sich in der Verteilungsaufgabe – in heutigen Worten würde ich sagen – auf qualitatives Wirtschaftswachstum konzentriert, um jene gesamtwirtschaftlichen Erträge zu erwirtschaften, die es zu verteilen gilt. In gewisser Hinsicht bestand darin wahrscheinlich die

Überwindung eines Generationsunterschiedes, der Vater hatte andere persönliche Erfahrungen. Er hatte die Massenarbeitslosigkeit der Zwischenkriegszeit, die galoppierende Inflation, den Verlust des Spargroschens seiner Eltern und danach die politischen Auswirkungen von Ständestaat und Hitlerfaschismus erlebt, also eine gänzlich andere Lebenserfahrung.

Ist es richtig, zu sagen, daß der Antifaschismus bei Ihnen schon ein Kindheitsreflex war und ist?

Das kann man sagen. Reflex ist ein gutes Wort, denn da schwingen sehr viele Dinge mit, die nicht bloß rational sind. In unserer Nachbarschaft lebte ein Ehepaar, der Mann war Jude. Wir hatten ein sehr enges Verhältnis, man teilte, so gut man in der damaligen Zeit des Mangels eben konnte. Und das war angesichts einer Umgebung, die stark nationalsozialistisch geprägt war, nicht immer problemlos.

Dann könnte man auch sagen, daß mit Ihnen und Haider der Tiefenstrom der österreichischen Geschichte jetzt in einer anderen Konstellation wieder zutage tritt.

Ja.

Wir haben von der antifaschistischen Einstellung Ihrer Eltern gesprochen. Ich vermute, daß auch der Sport bei Ihrer Sozialisation eine wichtige, ja eine prägende Rolle gespielt hat.

Zunächst glaube ich, daß man da wahrscheinlich die Veranlagung erwähnen muß. Ich kann mich nicht an irgendeine Phase meiner Kindheit erinnern, in der mich nicht ein Ball interessiert hätte. Ich war schlicht ballnarrisch. In meiner Kindheit hat es keine organisierte Möglichkeit gegeben, Sport auszuüben, so wie heute manche Buberln zum Klub hingeführt werden, wo sie zwei Stunden trainieren sollen, und anschließend vom Herrn Trainer wiederum den Eltern übergeben werden. Damals begann Ballsport mit einem irgendwo gefundenen grauschwarzen Tennisball oder mit einem Fetzenlaberl. Ich weiß nicht, ob Sie das kennen?

Ich hatte schon Plastik ...

Man hat einen alten Socken in eine bestimmte Form legen müssen, in sich zusammenschieben, und einmal vernäht. Dann ist der Oberteil des Sockens übriggeblieben, wurde noch einmal drübergeschoben und noch einmal vernäht. Und so weiter. Das ist dann irgendwann einmal ein Ball geworden. Aus heutiger Sicht natürlich vollkommen lächerlich. Als ich dann anfing, in die Schule zu gehen, spielten wir, was man da halt so spielt, Völkerball, Ball über die Schnur, Faustball, all diese Schulsportarten. Auf der Straße vor der Schule habe ich Fußball gespielt, Autoverkehr wie heute gab es keinen, man konnte getrost und ruhig in der Lienfeldergasse oder in der Römergasse mit Kreide Tore einzeichnen oder die Schultasche hinlegen. Dieser Straßenfußball hat mich dazu gebracht, dann mit einem Freund zum Wiener Sportklub zu gehen, wo ich ein oder zwei Saisonen in der Knabenmannschaft gespielt habe. Parallel dazu ist etwas Wichtiges geschehen. Ich bin in eine Mittelschule gekommen, in der sich ein besonders schöner Turnsaal mit Basketballkörben befand. Das deshalb, weil die amerikanischen Besatzungssoldaten – die Schule lag in der Besatzungszone der Amerikaner – diesen Turnsaal entdeckt, dort sehr schöne Körbe installiert und diese schließlich zurückgelassen hatten. So hatten wir hervorragende Basketballkörbe. Also bin ich über Fußball, Faustball, Volleyball und Völkerball zum Basketball gekommen. Zuerst haben wir noch Korbball gespielt, das ist ein Sport, den es, glaube ich, gar nicht mehr gibt. Ich habe dann Fußball durch Basketball ersetzt, obzwar ich sehr gern Fußball gespielt habe, aber aus mir mangels Talent sicher kein großer Fußballspieler geworden wäre, wogegen mir Basketball eher zugeflogen ist. Es gab zwei Meetingpoints. Das eine war die Halle in der Herrengasse, der ehemalige und heutige Festsaal des Palais Ferstel. Dort haben wir unter – aus heutiger Betrachtung – musealen Bedingungen gespielt.

Dort fanden auch Bundesligaspiele statt?

Sogar Länderspiele haben wir dort gespielt. Und dann gab es die sogenannte USFA-Halle im Messepalast, wo die Amerikaner ihre Meisterschaft gespielt haben. Die Besatzungsgarnisonen hatten eigene Mannschaften. Für uns waren das großartige Erlebnisse, denn da gab es Vergleichskämpfe mit Mannschaften aus anderen Garnisonen. Das war natürlich für unsere Begriffe ganz hochstehender Sport. Abgesehen vom Sportlichen – ich bin jeden Tag trainieren gegangen – ist Basketball ein bißchen meine Welt geworden. Hatte ich an einem Samstagnachmittag nichts zu tun, bin ich in die Herrengasse gegangen. Alle anderen Spieler übrigens auch. Auch wenn wir gar kein Spiel gehabt haben, war das der Treffpunkt. Dort haben sich dann Freundschaften entwickelt, dort haben sich Diskussionen abgespielt, die gar nichts mit Sport zu tun hatten.

Es haben ja auch einige Ihrer damaligen Mitspieler Karriere gemacht.

Ich bin heute noch mit etlichen Kollegen von damals in Kontakt, in losem zwar, aber immerhin. Die ich von damals kenne, haben in der Wirtschaft oder als Anwalt oder sonstwo durchaus respektable Karrieren gemacht. Ich habe Sport als etwas entdeckt, wo sich – und ich rede immer nur vom Mannschaftssport – Verhaltensweisen und Einstellungen entwickeln, von denen man doch sagen kann, daß Egoismus zurückgedrängt wird. Man bekommt auch alle Härten mit, und zwar meine ich jetzt nicht nur die Härten am Spielfeld, sondern jene Härten, die darin bestehen, daß einer die Aufstellung nicht schafft oder daß er, wenn gerade auf ihn gesetzt wird, keinen starken Abend hat. Apropos Konfliktscheu: Sport besteht aus Konflikt, mehr oder weniger.

Hatte der junge Franz Vranitzky Bindungen nach Europa?

Der Sport hat mir in einem sehr frühen Abschnitt meines Lebens die Möglichkeit eröffnet, relativ viel in Europa zu reisen.

Dadurch, daß Sie in der Nationalmannschaft gespielt haben?

Ja, und auch durch Klubvergleichskämpfe. Ich habe in sehr jungen Jahren beispielsweise etliche ost- und südosteuropäische Länder bereist, aber auch Westdeutschland und Frankreich. In Frankreich haben wir sehr oft gespielt. Ich muß das auch als Glück bezeichnen, denn wenn ich heute darauf beharre, daß die nationalen Grenzen den eigenen Horizont nicht bestimmen dürfen, war es mir möglich, diese Einstellung schon in jüngeren Jahren vielleicht mehr instinktiv als rational in mich aufzunehmen. Auch in dieser Hinsicht bin ich dem Sport zu Dank verpflichtet, weil ich eigentlich bei allem Patriotismus niemals in die Versuchung geriet, irgendwelchen nationalen Isolationismen anzuhängen.

Außer durch Sport wurden Sie auch durch Ihre Aufenthalte in den USA geprägt. Was hat Amerika für den jungen Franz Vranitzky bedeutet?

Ich kam ein paar Wochen nach der Ermordung Kennedys erstmals nach Amerika. Da gab es noch nicht das innenpolitische Vietnam-Dilemma. Ich habe Amerika als ein zwar mit politischen Problemen ungeheuer intensiv beladenes Land gesehen, das aber gleichzeitig sehr starke Kraft besaß, wieder etwas Neues zu entwickeln. Ich weiß nicht, ob ich diese Einschätzung, die ich damals von den ersten Jahren mitgebracht habe – ich war zwei-, dreimal drüben, einmal sechs, einmal sieben Monate –, heute noch aufrechterhalten würde. Daneben hat mich eine gewisse gar nicht zu unterschätzende Offenheit des Amerikaners gegenüber dem Ausländer, dem Gast, dem Fremden beeindruckt, allerdings mit dem Argwohn, der einen sehr bald befällt, wie tief denn diese Freundlichkeit und Offenheit tatsächlich geht. Da wird man ein Fragezeichen hinschreiben müssen. Ich war Anfang der sechziger Jahre natürlich auch positiv berührt von der Art und Weise, mit der die Amerikaner organisatorisch Neues anpackten. Damals sind beispielsweise auf dem Kennedy-Airport, der vorher Idlewild hieß, große Verkehrsinfrastrukturinvestitionen geschaffen worden. Der junge Europäer war einigermaßen verblüfft über die Leichtigkeit, mit der so große Organisationsfragen gelöst wurden. Amerika war damals auch wissenschaftlich faszinierend – man hat die ersten Geldstromrechnungen angestellt, und es war die Zeit der Ökonometrie, die Zeit der mathematischen Statistik, die Zeit der großen Simulationsgleichungen. Das konnte man hauptsächlich deshalb, weil man einen Vorsprung in der Computerisierung hatte, wie mich überhaupt die Computerisierung sehr beeindruckt hat. Trotz einer gewissen Begeisterung für Amerika, die ich nicht abstreite, sind auch sehr bald Vorbehalte entstanden. Man konnte auch damals schon, sicher nicht in so großer Zahl wie heute, in den Städten Obdachlose sehen, man konnte schon die Armut und die Zurückgebliebenheit in den Stadtbildern erkennen. Ich habe eine gewisse Zeit in Washington verbracht, und wenn einem gesagt wird, man soll nicht über eine bestimmte Straße, ich glaube, es war die Vierzehnte, hinausgehen, merkt man schon, daß nicht alles Gold ist, was dort glänzt.

Hat Ihre Westbindung in diesen Jahren ihre Wurzeln geschlagen?

Wurzeln vielleicht nicht, aber eine Beeinflussung hat wohl stattgefunden. Abgesehen davon, daß man mit meiner Grundeinstellung nicht wirklich eine Affinität zum Osten entwickeln konnte, in einer Zeit, in der es die KP-

Regimes und den Eisernen Vorhang gab. Die Entscheidung der Politikergenerationen der unmittelbaren Nachkriegszeit, sich nach Westeuropa hin zu orientieren und nicht irgendeiner diffusen Mitteleuropa- oder Donauraum-Idee nachzuhängen, war natürlich eine der wichtigsten Entscheidungen, die getroffen worden sind. Und zwar in einer Zeit, in der die Entscheidungsgrundlagen keineswegs so klar waren, wie sie heute sind. Alles in allem muß ich sagen, habe ich auch viel Glück gehabt, weil es überhaupt nicht selbstverständlich war, daß mich die Nationalbank schon im zweiten oder dritten Dienstjahr nach Amerika geschickt hat, wodurch ich zu einer sehr vorausblickenden Ausbildung kam.

Wo fand diese Ausbildung statt?

Zuerst in Washington beim Internationalen Währungsfonds, dann beim Federal Reserve Board, also der obersten Notenbankleitung der USA. Später war ich auch in New York bei Kommerzbanken und an der Börse, es handelte sich also um eine sehr umfassende Sache.

Prägt Sie diese Erfahrung heute noch politisch?

Daß sie mich politisch prägt, möchte ich nicht sagen, aber was ich in gewisser Hinsicht als Substanzaufbau mitgenommen habe, ist diese frühzeitige Affinität zu Welthandel, zu Weltfinanzen, zu umfassenden Finanz- und Wirtschaftsprojekten. Denn man darf ja nicht vergessen, wir haben damals, wenn auch schon unter Johnson, noch aus der Kennedy-Ära stammende, große Finanzierungsprogramme entwickelt. In der Weltbank und im Währungsfonds standen Entwicklungsprojekte, etwa Wasserkraftwerke in Entwicklungsländern, auf dem Programm, in New York habe ich eine gewisse Zeit in der Devisen-Abteilung der Fed verbracht, das sind schon gewaltige Einblicke, die einer, der hierzulande aufwächst, studiert und zu arbeiten beginnt, leider nicht hat.

Zurück zum Sport: Ernst Happel, der sich jahrelang geweigert hatte, den Posten zu übernehmen, hat geäußert, er übernehme den Job des österreichischen Fußballnationaltrainers nur Ihretwegen. Haben Sie bei seiner Bestellung eine Rolle gespielt, oder wie ist das zu verstehen?

Ich habe mit Happel in gelegentlichen Gesprächen eine Reihe von gemeinsamen Einschätzungen gefunden. Zwischen uns bestehen Sympathiewerte. Es gibt zwischen Happel und mir eine Basis des gegenseitigen Verständnisses. Es war sicher nicht so, daß ich Happel angerufen und gesagt habe: Hör'n S', machen S' das, werden Sie Teamtrainer! Keine Rede davon. Es handelt sich vielmehr um eine von ihm verwendete Erklärung post festum. Ich würde aber sagen, ohne in irgendeiner Weise in die Verhandlungen involviert gewesen zu sein, entspricht diese Besetzung auch dem, was ich für richtig gehalten hätte.

Wie ist der Kontakt zustande gekommen?

Ich bin seit einigen Jahren Präsident des Klubs der Freunde der österreichischen Fußballnationalmannschaft. Dort habe ich ihn einige Male getroffen, später dann bei Länderspielen. Als er einmal den sogenannten

Fußballrömer bekam, eine Art österreichischen Fußball-Oscar, habe ich eine Laudatio auf ihn gehalten. Als er einige Male ins Krankenhaus mußte, habe ich ihn dann entweder angerufen oder ihm Brieferln geschrieben: Alles Gute, Vranitzky. Das war alles.

Die Beziehungen zwischen Sport und Politik werden immer intensiver. Es ruft ja auch der Kanzler Kohl den Bundestrainer Berti Vogts vor dem Spiel an. Und Ernst Happel ist doch für viele Österreicher eine Art Symbolfigur dafür, daß wir nicht immer nur die Linienrichter bei den Großereignissen sind, sondern mitunter auch Erfolg haben können.

Happel hat aus seiner Tätigkeit in Holland, Belgien und Deutschland ein eigenes Idiom mitgebracht. Ich weiß nicht, ob er es kultiviert oder ob es wirklich bei ihm so in Fleisch und Blut übergegangen ist – er ist verbal ziemlich virtuos, wie übrigens viele Leute, die mit Fußball zu tun haben. Jedenfalls heißt zum Beispiel die Mehrzahl von »Spieler« bei ihm »Spielers«. Wenn wir ab und zu fachsimpeln, sagt er, unser Hauptproblem ist, daß die Co-Trainer zuwenig Spielers herausbringen. Da fühle ich mich wirklich mit ihm auf einer Wellenlänge. Die Spielers sind in Österreich ja auch in anderen Bereichen zu dünn gesät.

Wie könnte man das beheben?

Die Co-Trainer haben sich mehr und mehr der Bildungsaufgabe an sich selber zu unterziehen, um durch modernere Methoden dann dem Teamchef bessere Spielers zu liefern. Der Teamtrainer, ob er jetzt Happel heißt oder anders, kann einem Spieler nicht in fünf Tagen Vorbereitung auf ein Länderspiel den Fünfunddreißig-Meter-Paß beibringen. Wenn er vom Klub nicht den Fünfunddreißig-Meter-Paß mitbringt, wenn er die Grundkondition und auch die körperliche Robustheit nicht mitbringt, ist in fünf Tagen Teamvorbereitung nichts mehr zu machen. Da ist höchstens Zeit, daß sich die Spieler aufeinander einstellen, daß bestimmte taktische Grundzüge, Spielvarianten geübt werden.

Auch im Sport wollen die Österreicher nicht unbedingt von sich aus ins Ausland gehen, um sich international zu bewähren und um dann wieder zurückzukommen, obwohl sich die Legionäre im Ausland eigentlich immer mehr profiliert haben als in Österreich.

Die Parallelen sind in Wirklichkeit verblüffend. Es gibt zwar nicht viele österreichische Fußballspieler, die im Ausland Karriere und sich einen Namen gemacht haben, aber etlichen von denen, die doch über die Grenze gegangen sind, ist es hervorragend gelungen. Durchaus Leute, die natürlich im Inland schon gut Fußball spielen konnten, aber ich entsinne mich nicht nur der Namen, die man heute kennt und die im Ausland Erfolg gehabt haben, wie Prohaska, Krankl, Pezzey, sondern auch früherer. Ocwirk etwa ist heute in Genua noch ein Begriff, nicht zuletzt müssen wir an Happel selber denken. Wir wollen das Vergleichen nicht übertreiben, aber in der deutschen Automobilindustrie oder in anderen Bereichen der deutschen Wirtschaft haben österreichische Namen durchaus einen guten Klang. Die Österreicher etwa bei Volkswagen oder Audi, Münzner, Fiala,

Hahn oder Piëch. Schimmelbusch bei der Metallgesellschaft in Düsseldorf oder Sohmen in Hongkong. Das sind nicht ganze Teams, aber es sind Leute, die sehr reputiert sind.

Sie erwähnen da Namen von Leuten, die Sie auch immer wieder in sporadischen Abständen zu sich einladen.

Ja, wir treffen uns einmal, zweimal im Jahr. Das sind ungefähr zehn, zwölf Leute, Österreicher, die im Ausland beruflich tätig sind und die dann ihre Erfahrungen in das Gespräch einbringen. Das sind immer überaus nützliche und, wie sich im nachhinein herausstellt, auch in vielen Dingen den Nagel auf den Kopf treffende Gespräche. Noch einmal in sparsamer Anwendung des Vergleiches: Wir können ja im Sport durchaus auf einige Spitzenleistungen und Spitzenresultate verweisen. Damit ist zweifellos ein Vergleich mit der Wirtschaft – ich will jetzt nicht sagen, Wissenschaft, die Wissenschafter werden nicht gerne mit Sportlern in einem Atemzug genannt – zumindest andeutungsweise zulässig. Worum es uns gehen muß, ist, die Anzahl derer, die Spitzenleistungen erbringen können, zu erhöhen. Ein guter Spitzensport gedeiht in erster Linie auf der Grundlage eines guten Breitensports. Immer wieder kommen wir zum Thema: Aufmachen, sich öffnen, aber die Herausforderungen auch annehmen. Es ist unbequem, sich nicht mit dem zweit-, dritt- und viertbesten Ergebnis zufriedenzugeben und sich damit zu trösten, daß es dafür bei uns gemütlicher ist. Vielleicht ist es auch gemütlicher, wenn man nicht bei jedem Fortschritt dabei ist. Nur, wenn man den Anschluß an den Stand beispielsweise der Laser-, Computer- oder Umwelttechnik verliert, kann man den Qualitätsanspruch den Staatsbürgern bald nicht mehr vorgaukeln, dann ist er weg. Wir hätten also unser großes Thema aufs Spielfeld zurückgeholt.

Für Sie hat Ihre Familie große Bedeutung. Sowohl was Ihre Eltern betraf, als auch was Ihre Frau und Ihre Kinder angeht. Könnten Sie ein bißchen ausführen, was für Sie das Wichtige daran ist?

Es ist kein ganz einfaches Kapitel. Denn man muß aufpassen, nicht eine Wolkenkuckucksheim-Stimmung zu vermitteln, die dann wahrscheinlich zu falschen Beschreibungen führt. In einer Atmosphäre des individuellen Exhibitionismus scheint es mir ein unschätzbarer und unverzichtbarer Wert zu sein, sich zumindest einige Zellen freizuhalten, in denen dieser Exhibitionismus nicht zuschlägt. Wobei Exhibitionismus aktiv und passiv zu sehen ist. Man muß ununterbrochen in irgendeiner Weise da sein, man darf sich keine Blößen geben und sollte beispielsweise nicht um vier Uhr früh stocktrunken im Park aufgelesen werden. Der passive Exhibitionismus besteht darin, daß die Medienwelt eigentlich alles wissen will. Es zahlt sich aus, wenn man sich da eine Oase schafft. Wie kann, wie soll diese Oase bestellt sein, wie soll sie aussehen? Die Entscheidung, die ich getroffen habe oder die mir vielleicht auch mitgegeben wurde, ist, diese Oase in der Familie zu finden. Ich bin in denkbar ärmlichen Verhältnissen aufgewachsen, in den schlimmen Jahren der Kriegs- und Nachkriegszeit. Obwohl wir damals zu viert – meine Eltern, meine Schwester und ich – in sehr beengten Verhältnissen lebten – die Zimmer-Küche-Wohnung in einem Hernalser Souterrain hatte kaum 40 Quadratmeter – und mit wenig Geld auskommen mußten, haben wir familiär nicht nur niemals ein Problem gehabt, sondern die Familie war, soviel man als Kind mitkriegt, eine Stütze in schwierigen Zeiten. Als dann bei mir eine eigene Familie entstand, habe ich immer großen Wert darauf gelegt, zunächst einmal vielleicht mehr intuitiv, später absichtlich, erneut eine Zelle zu reservieren, in der dieser Exhibitionismus keinen Platz hat. Das ist mir bisher ganz gut gelungen. Natürlich, die Jahre vergehen, die Zeiten ändern sich, meine Kinder sind heute erwachsen, gehen eigene Wege, ohne daß diese eigenen Wege aber von meiner Frau und mir selber wegführen. Auch wenn wir uns tagelang nicht sehen, gibt es trotzdem dieses unsichtbare Band, und wir wissen, daß jeder dem anderen Halt gibt, daß sich jeder mit dem anderen freut, aber logischerweise auch leidet, wenn es etwas Trauriges gibt.

Im Grunde genommen gehört die intakte Familie eher zu den konservativen oder kleinbürgerlichen Werten.

Das bestreite ich sehr. Es ist ein Klischee, daß das bürgerliche Element im Land gleichzusetzen ist mit dem Element »intakte Familie« und daß die Arbeiterbewegung gegen die Familie eingestellt ist. Dieses Klischee lehne ich total ab, es trifft auch überhaupt nicht zu. Wenn man hinter die Kulissen sogenannter intakter Familien blickt, zeigen sich ja dort oft ganz beachtliche Fehlbildungen. Ich habe daher vor zweieinhalb Jahren eine private Aktion »Wider die Gewalt in der Familie« ins Leben gerufen, um dieses beklemmende Thema zu enttabuisieren. Mittlerweile verfügen wir in dieser Aktion über zahlreiche Statistikmaterialien, aus denen sich ergibt, daß der Faktor Gewalt in der Familie weder ursächlich noch in statistischer Häufung auf die ärmeren Familien beschränkt ist. Das geht quer durch die Gesellschaft, das sogenannte gute Haus bietet überhaupt keine Versicherung gegen Gewalt in der Familie. Solche Klischees werden allerdings in der praktischen Politik gern verwendet. Sozialdemokraten wird oft vorgeworfen, sie würden sich weniger um die Familie kümmern, ihre Kinder in die Kindergärten und in die Horte abschieben und das zum Familienideal erheben. Das ist ausgesprochener Unsinn. Die Sozialdemokraten lehnen die Familie keineswegs ab. Sie fördern sie sogar massiv. Wogegen sich Sozialdemokraten aber stets wenden, ist die Diskriminierung von alleinerziehenden Frauen und nichtehelichen Kindern. Viele Familien sind auf Grund ihrer materiellen Begrenztheit und durch die Berufstätigkeit beider Elternteile auf Kindergärten und Ganztagsunterbringungsmöglichkeiten angewiesen. Der Vorwurf, Sozialdemokraten seien zuwenig familienorientiert, trifft jedenfalls überhaupt nicht zu.

Ist es nicht auch so, daß gewisse gesellschaftliche Entwicklungen die Institution der Familie bedrohen, auch positive Entwicklungen wie die Gleichberechtigung der Frau?

Sehen wir die Familie als eine Organisationsform oder zunächst als eine Partnerschaft und in weiterer Folge als eine Gemeinschaft? Wenn wir sie nicht als bloße Organisationsform sehen, wofür ich eintrete, und den partnerschaftlichen Gedanken in den Vordergrund rücken, dann ist ja Gleichberechtigung geradezu eine Stärkung der Verstrebungen in dieser Partnerschaft und Gemeinschaft.

Auf die gesellschaftlichen Experimente vor und nach 1968 folgte anschließend eine Gegenbewegung. Obwohl es im Moment gerade nicht so aussieht, nagen doch die großen gesellschaftlichen Trends stark an der Lebenspartnerschaft. Manche Leute rechnen damit, daß sie im Lauf ihres Lebens nicht nur eine Partnerschaft eingehen, sondern vier oder fünf.

Die meisten jener Kommunen, die sich um und nach 1968 in angewandter allgemeiner Promiskuität übten, lösten sich bald auf. Nicht zuletzt deshalb, weil ihre Mitglieder begannen, ihre Mehrfachbeziehungen nicht mehr interessant zu finden. Ich bin auch nicht so sicher, ob die Einstellung, vier, fünf oder mehr Beziehungen im Laufe eines Lebens einzugehen, so besonders neu ist. Ich glaube nicht, daß das wirklich familienbedrohend ist. Denn in konventionell bürgerlicher Realität pflegen Ehen auf dem Papier zu halten, aber es ist die Frage, ob das Familien sind, die man als erstrebenswert ansehen sollte.

Auch die Mediengesellschaft übt, was vor allem in Amerika zu beobachten ist, Druck auf Politiker aus, die ja praktisch nicht kandidaturfähig sind, wenn sie gegen die Konvention verstoßen, also wenn sie geschieden sind oder wenn man ihnen irgendwo eine Affäre nachweist.

Das ist ein hartes und brutales Klima, denn bloß der Umstand, daß jemand nicht in einer funktionierenden Beziehung lebt, gibt ja noch keinen Aufschluß darüber, wie er eine hohe politische Verantwortung ausübt. Letztendlich findet hier eine Auseinandersetzung zwischen einer überreagierenden öffentlichen Meinung auf der einen Seite und Überzeugungskraft und Möglichkeiten des Kandidaten auf der anderen Seite statt. Hier ist leider jeder Spielausgang möglich, ohne daß in diesem einen Spiel – dem Wahlkampf – wirklich immer der Bessere gewinnt. Es ist möglich, daß der Kandidat das übersteht, aber es ist genauso möglich, daß er vollkommen schuldlos auf der Strecke bleibt, wenn vielleicht der Killerinstinkt der Medien und der Gegner stärker ausgeprägt ist als die Überzeugungskraft des Kandidaten.

Sie sind ja nicht unbedingt einer, der seine Familie stark in der Öffentlichkeit einsetzt, aber sie kommt natürlich vor. Sie sind nicht der Politiker, der dauernd mit der Frau an seiner Seite auftritt. Auf der anderen Seite entwickelt Ihre Frau aber eine eigene Rolle, und das ergibt dann doch wieder ein Tandem.

Ich verstecke meine Familie nicht, aber sie stellt sich auch nicht zur Schau. Meine Frau hat sich im Lauf der Zeit bestimmte, über das rein Private oder Häusliche hinausgehende Aufgaben gesetzt, die sie erfüllt, aber die sie eigentlich nur sehr bedingt aus dem Blickwinkel erfüllt, daß ihr Mann der Bundeskanzler ist.

Sie meinen ihre karitativen Unternehmungen.

Ich kann nicht leugnen, wenn dort Christine Vranitzky steht, ist es etwas anderes, als wenn dort Christine Meier steht, aber ich selber komme bei diesen verschiedenen sozialen oder sonstigen Anliegen so gut wie nicht vor.

Sprechen Sie mit ihr über Politik?

Ja, natürlich.

Lassen Sie sich von ihr beraten?

Das würde ich nicht sagen.

Beraten Sie sich mit ihr?

Nicht in dem Sinn, daß sie ein zusätzlicher politischer Berater oder eine Beraterin wäre, aber ich nehme gewisse Dinge auf, die sie mitbringt, von Gesprächen mit ihrer sozialmedizinischen Initiative oder vom Markt. Diese Meinungen und Stimmungen sind mir persönlich unter Umständen gar nicht zugänglich.

Wenn Sie sich selber in der Werbung sehen, wie kommen Sie sich da vor? Gut getroffen?

Meistens ist das bisher halbwegs gelungen. Es hat aber auch Sachen gegeben, die mir nicht so sehr gefallen haben. Ich weiß nicht, wie es anderen geht, aber immer, wenn irgendwelche Werbewellen neu beginnen, Inserate oder Plakataktionen, kommt es mir leider noch immer in der ersten Phase wie eine Auseinandersetzung der anderen Art vor, obwohl ich jetzt schon einigermaßen daran gewöhnt sein sollte. Es ist so eine Art Konfrontation mit sich selber, natürlich stumpft man nach ein paar Tagen ab, aber wenn ich durch die Gegend gehe oder fahre und die ersten Plakate hängen, ist das sicher nicht Business as usual.

Also sind Sie vom Typ her auch nicht derjenige, der sich begeistert vor dem eigenen Plakat aufbaut?

Vor dem eigenen Plakat? Ich bin ja nicht Schneewittchens Stiefmutter.

Inhaltlich waren Ihre Kampagnen ja sehr zurückgenommen, ich kann mich an den Slogan »Qualität des Denkens« erinnern und an einen Birnbaum dahinter. Aber nicht an Inhalte.

Jede Kampagne ist doch aus der jeweiligen Konstellation heraus geboren. Beispielsweise war 1986 der Nationalratswahlkampf fünf Monate nach einem Präsidentschaftswahlkampf zu bestreiten. In diesem Präsidentschaftswahlkampf ist es passiert, daß unser Kandidat, also Kurt Steyrer, auf Plakaten und Inseraten konkrete Arbeitsplatzversicherungen abgab. Was nach hinten losgegangen ist, weil jedem, der nur ein paar Sekunden darüber nachdachte, klar war, daß er solche Garantien nicht erfüllen wird können. Die größte Skepsis zeigten die Betroffenen, nämlich die Stahlarbeiter. Im Juni fand die Präsidentschaftswahl statt, im November darauf die Nationalratswahl. Mein Slogan war damals: »Ich verspreche nichts, was ich nicht halten kann.« Wenn heute eine Kampagne stattfände, würde das überhaupt niemand verstehen. Wahlkampagnen sind eben Podukte der politischen Ausgangslage, multipliziert mit den Techniken der Werbung. Franz Vranitzky, mit einem Birnbaum kombiniert, scheint eben mehr Erfolg zu versprechen als mit einem Apfelbaum oder gar mit einem kleinbedruckten Aushang. Gegen die Notwendigkeiten kommerzieller Werbetechnik ist kaum zu argumentieren. »Macht braucht Kontrolle« ist im Präsidentschaftswahlkampf 1992 ein erfolgreicher Slogan des ÖVP-Kandidaten gewesen. Das Publikum war geneigt, diesen Satz anzunehmen. Zwar war dieser Satz aus einer anderen Kampagne, einer FPÖ-Kampagne vor vielen Jahren, bekannt. Im konkreten Zusammenhang aber hat das Plagiat niemanden gestört, erstens, weil es ganz offensichtlich von einem positiv besetzten Kandidaten verwendet wurde, und zweitens, weil es der Wahlwerbung dieses Kandidaten gelungen ist, zu suggerieren, daß das Versprechen dieses Satzes auch eingehalten werden kann. Slogans oder Leitsprüche führen in Wahlkämpfen wahrscheinlich ein gerade auf diese Zeiten zugeschnittenes Eigenleben.

Wie weit lassen Sie sich die Rollen schneidern, wie weit beteiligen Sie sich am Prozeß des Entwurfs eines Werbekonzepts?

Ich beteilige mich am Vorbereitungsprozeß. Ich würde mir keine Aussagen in den Mund legen lassen, von denen ich nicht auch selber überzeugt bin. Ich würde keine Kampagne gleichsam passiv über mich ergehen lassen und sagen: Das haben mir jetzt die Werbestrategen so vorgeschrieben, mir gefällt es zwar nicht, aber die werden schon recht haben.

Wen zählen Sie zu Ihren wichtigsten Freunden? Gibt es einen solchen in bezug auf die Politik für Sie überhaupt? Wen würden Sie da als ratgebende Gesprächspartner nennen?

Ganz sicherlich ist das die Ministerriege, dann meine unmittelbaren Mitarbeiter und – das ist eigentlich ein ziemlich großer Kreis – in den Bundesländern tätige Freunde, weil ich viel davon halte, nach Tunlichkeit nicht immer nur in meinem Büro zu sitzen, sondern soviel wie möglich hinaus zu gehen und Meinungen, Wünsche, Forderungen, Ängste, Erwartungen, Hoffnungen an Ort und Stelle zu erheben.

Einen konkreten Freundeskreis, von dem Sie sagen könnten: Das sind meine vier Freunde, mit denen spreche ich über Politik, gibt es nicht?

Das schon. Aber nicht stammtischartig, klausurartig oder jourfixeartig.

Und wer gehört da dazu?

Jeder Name, den man da nicht nennt, erzeugt eine Beleidigung bei den Nichtgenannten.

In dem Zusammenhang muß man wohl über den sogenannten Androsch-Clan sprechen. So hat die Öffentlichkeit vor Zeiten eine Gruppe karrierebewußter Männer um den ehemaligen Finanzminister und Vizekanzler bezeichnet. Was hat der für Ihr Leben bedeutet, und was bedeutet er jetzt?

Gegen den Ausdruck Androsch-Clan haben die meisten, die als dazugehörend bezeichnet wurden, schon früher etwas gehabt. Mit Recht. Ich habe mehr als sechs Jahre bei Androsch gearbeitet, als er Finanzminister war, und habe von dieser Zeit sehr viel an Erfahrung und an Lerninhalten mitgenommen. Mit allen, die damals ebenfalls im engeren oder weiteren Mitarbeiterkreis Androschs waren, habe ich – wenn auch irgendwie umständehalber – mehr oder weniger Kontakt, aber durchaus in geregelten Formen. Zu Androsch selber ist der Kontakt nicht wirklich aufrecht. Das ändert aber nichts an der positiven Einschätzung der damaligen Zeit.

Ist der Bruch zwischen Ihnen und Androsch zustande gekommen, weil er erwartet hat, daß Sie ihn in irgendeiner Form schützen?

Er ist davon ausgegangen, daß das eine oder andere Verfahren, wenn ich es unterbunden hätte, nicht stattgefunden hätte. Das ist eine Fehlmeinung. Abgesehen davon, daß es mich in politische Schwierigkeiten sonder Zahl gebracht hätte, wäre es einfach rechtlich und administrativ nicht möglich gewesen und – das ist immer wieder hervorzuheben – hätte ihm daher im Endeffekt auch nicht geholfen. In Androschs Auseinandersetzung mit Kreisky, die ja viele Jahre dauerte, hat Kreisky immer versucht, mich ins Vertrauen zu ziehen, wahrscheinlich auch mit der Absicht, Androsch durch mich etwas mitzuteilen. Da fielen dann Sätze wie: Du kannst ja Deinem Freund sagen, was er tun soll. Zusatzbemerkung: Denn viele Freunde hat er ja nicht mehr. Nur wenige Leute können sich vorstellen, wie unversöhnlich und wie gehässig diese Geschichte über viele Jahre gelaufen ist. Nur die paar, die im Zentrum oder am Rand dabei waren, haben das wirklich miterlebt. Für eine Art Festschrift zu Androschs fünfzigstem Geburtstag wurde ich gebeten, ein Geleitwort zu schreiben. Ich habe darin tendenziell für Androsch Partei ergriffen, indem ich schrieb, wenn ein Zerwürfnis schon so weit fortgeschritten ist, liege es eigentlich am Älteren, das in Ordnung zu bringen, weil er kraft seiner Seniorität auch mehr Möglichkeiten dazu hat. Ob das im konkreten Fall wirklich zutraf, weiß ich gar nicht.

Wovor haben Sie Angst?

Sicherlich vor einer unheilbaren Krankheit. Als Politiker, also als Mensch mit einem Zwölf- bis Vierzehn-Stunden-Tag, empfindet man das als Bedrohung, gegen die es keine Strategie gibt. Angst habe ich auch vor dem berühmten Knopfdruck irgendwo auf der Welt, der dann wirklich etwas auslösen könnte, wogegen Hiroshima eine Episode war. Denken Sie an die Gefahren der Proliferation von Atomwaffen aus den Staaten der ehemaligen Sowjetunion! Stellen Sie sich vor, was geschehen hätte können, wenn Saddam Hussein über die Atombombe verfügt hätte! Angst muß man leider vor der nuklearen Bedrohung überhaupt haben, solange sehenden Auges Techniken angewandt werden, die ganz offensichtlich ungenügend sind. Auch vor diesen wahnsinnigen Nationalisten, die nach dem Wegfall des Kommunismus die neugewonnenen Freiheiten sofort dazu nutzen, um anderen Leuten Unfreiheiten zuzufügen, muß man Angst haben. Natürlich muß man Angst haben vor einer Eskalation der ökonomisch-politischen Auseinandersetzungen, wenn die Welt weiterhin nur so unzureichend wie heute in der Lage ist, die Güter dieser Erde zu verteilen. Das wird noch schwerer werden angesichts einer Rezession, deren Anzeichen in den großen Industrieländern USA, Japan und Deutschland nicht zu übersehen sind, und die durch eine ins Stocken geratene europäische Integration noch verschärft werden könnten. Angst muß man auch vor globalen ökologischen Problemen haben. Wenn das Ozonloch erst eine bestimmte Größe überschritten hat, läßt es sich nicht mehr mit einer Blitz-Strategie verkleinern. Die politischen Verantwortungs- und Meinungsträger in der Welt sind diesbezüglich noch zuwenig auf einer Linie. Ja, ich glaube, daß man zugeben kann und darf, daß man Angst hat. Das braucht nicht zu heißen, daß man deswegen untätig bleibt.

Wenn Sie ein Buch mit dem Bundeskanzler Vranitzky machen würden, ein Interviewbuch, was müßte unbedingt drinstehen?

Werfen wir Traditionelles nicht über Bord, zerschlagen wir nicht die Institutionen, aber lassen wir uns durch Tradition und Institution auch nicht davon abhalten, Neues zu entdecken und damit in Wirklichkeit die Tradition zu retten. Wenn man die Absicherung des politisch Errungenen in der Abkapselung, in der Isolation, im Stillstand sucht, geht das Errungene verloren. Ich sage das mit großer Sorge, weil ich konstatiere, daß doch sehr viele Beharrungselemente bestehen.

Was betrachten Sie als den größten Erfolg Ihrer Amtszeit?

Erstens ist es mir gelungen, den ganzen Denkprozeß über die Öffnung Österreichs und die Integration des Landes in Europa zu aktivieren. Auch wenn jetzt die Leute immer EG-kritischer werden. Das zeigt mir, daß der Denkprozeß aktiv ist. Zweitens sind wir in meiner Amtszeit auch gegen den Widerstand derer, die stets die freie Marktwirtschaft auf den Lippen führen, aus den starren, teils dogmatischen, teils aber zünftlerischen Ordnungen ausgebrochen. Damit ist auch viel mehr Lebendigkeit in sämtliche Wirtschaftsprozesse hineingekommen. Drittens sind die rund 500.000 zusätzlichen Arbeitsplätze ja nicht in einer Zeit entstanden, wo man eine sehr starke expansive Budgetpolitik betrieben hat, ganz im Gegenteil. Wir haben das in meiner Amtszeit allen bisherigen klassischen ökonomischen Textbüchern zuwider geschafft. Last, but not least glaube ich, ist Österreich in den sechs Jahren der abgelaufenen Präsidentschaft trotz all der Geschichten, über die wir bereits gesprochen haben, kein wirklich isoliertes Land geworden. Wir haben unsere Reputation in dieser Zeit sicherlich steigern und verbessern können.

Und der größte Mißerfolg, der Sie am meisten geschmerzt hat?

Der größte Mißerfolg ist die Niederlage meines Freundes Rudolf Streicher bei den letzten Präsidentschaftswahlen. Wir wissen, daß sich die politischen Landschaften auffächern und umstrukturieren, aber die letzte Präsidentschaftswahl läßt sich damit nicht hinreichend erklären. Wenn man einen Kandidaten aufstellt, der in den Meinungsumfragen gute zehn Prozentpunkte voranliegt und schließlich um 14 Prozent weniger Stimmen als der Sieger erhält, ist das wohl ein Mißerfolg.

Ich habe von Ihnen den Satz gefunden: Die Zahl meiner Amtsjahre möchte ich nicht zweistellig werden lassen. Wenn ich zusammenzähle und nur Ihre Amtszeit als Bundeskanzler nehme, stehen wir im Jahr 1994, dem Jahr der nächsten Nationalratswahlen, bei acht. Halten Sie Ihre Prognose noch aufrecht?

Das ist ein bißchen so wie mit dem Drei-Liter-Auto. Ein Drei-Liter-Auto ist auch ein Drei-Liter-Auto, wenn es drei Komma zwei Liter verbraucht, und es wäre wahrscheinlich auch ein Drei-Liter-Auto, wenn es zwei Komma neun verbraucht. Im politischen Kalender oder im Leben eines Menschen kann neun schon zweistellig sein oder elf noch einstellig, aber was ich gesagt habe, halte ich aufrecht.

19 Jahre fielen auch noch drunter?

19 Jahre wären schon sehr zweistellig.

Man muß also schon zwischen weniger zweistellig und mehr zweistellig unterscheiden. Der ernste Hintergrund ist, ob Sie es überhaupt können.

Natürlich. Man muß wiedergewählt werden. Sie meinen von der physischen und psychischen Kraft her?

Nein, ob es sich Ihre Partei überhaupt leisten kann, auf Sie zu verzichten.

Unersetzlich ist niemand.

Franz Vranitzky

Biographische Daten

Franz Vranitzky wurde am 4. Oktober 1937 in Wien geboren. Sein Vater war Eisengießer und nach 1945 zeitweilig bei den Kommunisten engagiert, die Mutter stammte aus einer burgenländischen Arbeiterfamilie.

Franz Vranitzky besuchte in Wien die Schule und studierte nach der Matura (Abitur) ab 1955 an der damaligen Hochschule für Welthandel, der heutigen Wirtschaftsuniversität Wien. Er schloß das Studium 1960 mit dem Grad des Diplomkaufmanns ab und promovierte 1969 – nach mehrjähriger Berufstätigkeit – zum Doktor der Handelswissenschaften.

Seine berufliche Laufbahn begann Vranitzky 1960 bei den Siemens-Schuckert-Werken, wo er im Rechnungswesen tätig war, 1961 wechselte er in die volkswirtschaftliche Abteilung der Oesterreichischen Nationalbank und wurde dort 1969 dem ersten Vizepräsidenten direkt zugeteilt. 1970 berief ihn der damalige Bundesminister für Finanzen, Hannes Androsch, als seinen wirtschafts- und finanzpolitischen Berater in das Ministerium. Im Juni 1976 wechselte Vranitzky als stellvertretender Generaldirektor in die Creditanstalt-Bankverein, die damals größte Bank Österreichs. Ein Konflikt zwischen Bundeskanzler Kreisky und seinem Vizekanzler und Finanzminister Androsch führte 1981 zum Rücktritt Androschs, der in die Creditanstalt wechselte. Franz Vranitzky trat in den Vorstand der Österreichischen Länderbank ein, die durch Pleiten im Kundenkreis schwer angeschlagen war. Als Generaldirektor erarbeitete er sich einen guten Ruf als Sanierer.

Der Nachfolger Kreiskys als Bundeskanzler, Fred Sinowatz, berief Franz Vranitzky anläßlich einer Regierungsumbildung am 10. September 1984 in die Bundesregierung. Als Finanzminister betonte Vranitzky die Notwendigkeit einer Haushaltskonsolidierung und einer Belebung der Wirtschaft.

Nach dem Erfolg Kurt Waldheims bei der Wahl zum Bundespräsidenten 1986 trat Sinowatz als Bundeskanzler zurück und schlug Vranitzky als seinen Nachfolger vor.

Franz Vranitzky wurde am 16. Juni 1986 als Bundeskanzler vereidigt. Er beendete die Koalition mit der FPÖ nach der Wahl des rechtspopulistischen Jörg Haider zum Parteivorsitzenden des kleinen Koalitionspartners. Nach den Nationalratswahlen vom 23. November 1986 einigten sich beide große Parteien, SPÖ und ÖVP, angesichts der schwierigen wirtschaftlichen Probleme des Landes auf eine große Koalition. Die Sanierung der Verstaatlichten Industrie, eine große Steuerreform und der Antrag auf EG-Beitritt sind ebenso mit dem Namen Franz Vranitzky verbunden wie eine differenzierte Position zur internationalen Diskussion um Bundespräsident Kurt Waldheim. Franz Vranitzky erreichte Popularitätswerte wie kein anderer österreichischer Politiker vor ihm. Am 11. Mai 1988 wurde er auf einem Sonderparteitag zum neuen Bundesparteivorsitzenden der SPÖ gewählt und folgte auch in dieser Funktion Fred Sinowatz, wodurch die Ämtertrennung von Partei- und Regierungsführung nach nur knapp zwei Jahren wieder beendet war. In den folgenden Jahren wurde die SPÖ von einigen Skandalen erschüttert, die zu Rücktritten zahlreicher Spitzenfunktionäre führten. Franz Vranitzky konnte die SPÖ nahezu unbeschadet durch diese Turbulenzen leiten und erreichte mit ihr bei den Nationalratswahlen vom 7. Oktober 1990 ein unerwartet gutes Resultat, so daß sie ihren

Mandatsstand unverändert halten konnte. Eine halbe Million Vorzugsstimmen für den Bundeskanzler sind als ein großer persönlicher Erfolg zu werten. Die Koalition zwischen SPÖ und ÖVP wurde erneuert und das Kabinett Vranitzky III am 17. Dezember 1990 vereidigt. Bei den Bundespräsidentenwahlen im Frühjahr 1992 unterlag der von Franz Vranitzky vorgeschlagene und hochfavorisierte Kandidat der SPÖ, Rudolf Streicher, seinem Gegenkandidaten von der ÖVP, Thomas Klestil. Trotz dieser Niederlage ist Vranitzkys Popularität und Beliebtheit ungebrochen.

Franz Vranitzky ist einer der Vizepräsidenten der Sozialistischen Internationale und einer der am längsten dienenden sozialdemokratischen Regierungschefs in Europa.

Franz Vranitzky ist seit 20. Juni 1962 mit Christine Kristen verheiratet und hat eine Tochter Claudia und einen Sohn Robert.